KB148409

이화유치원
교육과정 운영의 실제

만5세 ❼ 여름

이화유치원 교육과정 운영의 실제

교육과정 운영의 실제

만 5세

7 여름

이화여자대학교 사범대학 부속이화유치원

(주)교 문 사

머리말

올해로 97년의 오랜 역사와 전통을 자랑하는 이화유치원은 우리나라에서뿐만 아니라 전 세계에서 탁월한 유아교육을 실행하는 유치원으로 높이 평가받고 있습니다. 이화유치원은 이에 긍지와 자부심, 책임감을 가지고 있으며, 무한한 가능성을 가진 유아들이 바르고, 착하고, 아름답게 자랄 수 있도록 최적의 교육환경과 교육과정을 제공하기 위해 항상 노력하고 있습니다. 더 나아가 미래사회를 책임질 유아들의 건강한 성장과 발달을 위해 끊임없이 새로운 프로그램을 개발하고, 유아교육의 질을 제고하기 위한 연구를 지속하여 유아교육 발전을 선도해 가고 있습니다.

유아의 성장 및 발달에 적합한 환경과 교육과정으로 질 높은 유아교육을 충실히 실행하는 것이 이화유치원의 중요한 사명 중 하나라면 또 다른 중요한 사명은 유아의 발달 및 유치원 교육과정, 교수방법, 교육환경 등에 관한 연구를 수행하고 그 결과를 출판하여 보급하는 것입니다. 이에 따라 이 책『이화유치원 만 3, 4, 5세 교육과정 운영의 실제』는 이화유치원의 중요한 사명을 성공적으로 완수해 낸 결과물인 것입니다.

이화여자대학교 사범대학 부속이화유치원에서 1992년과 1995년 두 번에 걸쳐『만 3, 4, 5세 어린이를 위한 유치원 교육과정 운영의 실제』를 출판한 지 어느덧 16년이 지났습니다. 2004년에 이화유치원 창립 90주년 기념행사를 성황리에 개최한 이후 새로운『만 3, 4, 5세 유아를 위한 이화유치원 교육과정 운영의 실제』를 출판하기 위한 준비 및 집필 작업을 계속해 왔고 드디어 2011년에 출판하게 됨을 매우 기쁘게 생각합니다.

『이화유치원 만 5세 교육과정 운영의 실제』의 1학기 생활주제는 「즐거운 유치원」, 「나」, 「봄」, 「가족」, 「동물」, 「동네와 지역사회」, 「여름」이고, 2학기 생활주제는 「교통기관」, 「우리나라」, 「환경보호와 소비생활」, 「가을」, 「겨울」, 「유치원 졸업과 초등학교 입학」입니다. 기존 만 5세 교육과정 운영의 실제에서 제시한 생활주제 중 「세계 여러 나라」의 교육 내용을 각 생활주제로 나누어 삽입했고, 「즐거웠던 여름방학」을 「여름」으로 통합했습니다. 그리고 「교통기관」

과「환경보호와 소비생활」을 새로운 생활주제로 추가했습니다.

『이화유치원 만 5세 교육과정 운영의 실제』는 동일하게 3개의 장으로 구성되어 있습니다. 1장에서는 각 생활주제 선정의 의의와 교육 목표를 소개했습니다. 생활주제에서 다루어야 할 학습 내용을 2~5개의 주제로 구분하고, 주제별로 교육 목표와 내용을 설명했습니다. 2장에서는 교육환경에 대해 소개했습니다. 원내와 교실의 흥미 영역을 교육 내용에 적합하게 구성하는 방법을 설명했고, 사진을 실례로 소개했습니다. 3장에서는 생활주제에 적합한 교육활동을 주제별로 소개했습니다. 교육활동의 전개 방법에서는 유아들이 흥미를 가지고 능동적으로 참여하여 교육 내용을 이해하고 학습할 수 있도록 하기 위해 교사가 만 5세 유아들의 발달 수준, 지식, 경험 등에 적합한 교육적 대화를 어떻게 나누는지를 소개하는 데 중점을 두었습니다. 이 책에 수록된 교육활동을 현장에서 실시할 때 도움이 되도록 교사의 질문 및 언어적 상호작용을 구체적으로 자세하게 기술하였고, 내용을 쉽게 이해할 수 있도록 사진 및 삽화를 수록했습니다. 활동 시 참고할 사항을 Tip으로 제시했고 유의점에 주의해야 할 사항을 설명했습니다. 또한 확장활동 및 관련활동을 제시하여 교육활동들 간의 연계성을 강조했습니다. 부록에는 주간교육계획안과 일일교육계획안의 예시를 수록하여 실제 교육계획안 수립 시 참고할 수 있도록 했습니다.

이화유치원에서는 교육과정의 학습경험 설정 및 효과적 조직에서 요구되는 세 가지 준거—계속성(continuity), 계열성(sequence), 통합성(integraty)—를 갖추고자 지속적인 연구와 노력을 거듭하고 있습니다. 이 책에서는 만 3, 4, 5세 교육과정 간 계속성, 계열성, 통합성에 초점을 맞추어 연구·개발된 새로운 생활주제, 주제 및 교육활동들을 소개했습니다. 또한 본 유치원에서 지난 10여 년간 실행해 온 각종 연구들—기본생활습관교육, 소비자교육, 극놀이, 요리활동, 종일반 프로그램, 수학교육, 리더십교육, 언어교육, 동작교육, 문학교육, 전통문화예술교육—을 통해 새롭게 개발된 생활주제, 주제 및 교육활동들을 이 책에 소개했습니다. 기존『만

5세 어린이를 위한 유치원 교육과정 운영의 실제』에 수록되었던 활동들의 경우, 최근 유아들의 발달적 특성, 요구, 흥미에 적합하게 또한 시대적 변화와 요구에 부응할 수 있도록 수정·보완해서 소개했습니다.

그동안 이 책이 출판될 수 있도록 도와주신 여러 분들께 머리 숙여 감사를 드립니다. 먼저 『이화유치원 만 5세 교육과정 운영의 실제』를 함께 집필해 주신 이화유치원 전·현직 교사들—오지영, 강경미, 곽진이, 김혜전, 이누리, 전우용—께 감사를 드립니다. 유아교육 발전을 위한 이화유치원의 사명을 완수하기 위해 지난 몇 년간 주말이나 공휴일은 물론이고 방학에도 쉬지 못하면서 이 책의 집필 과정에 참여해 주신 여러 분들의 헌신적 노력은 유아교육의 역사에서 오래 기억될 것입니다. 이 책의 집필 과정에서 여러모로 도움을 주신 이화유치원 전·현직 교사들—최수연, 강지영, 최지은, 정은화, 박보람—께도 깊은 감사를 드립니다. 또한 이 책을 출판해 주신 (주)교문사 류제동 사장님, 정용섭 부장님을 비롯한 직원 여러 분들께도 진심으로 감사를 드립니다.

끝으로 이 책이 출판될 수 있도록 간접적으로 도와주신 분들께도 감사를 드립니다. 그동안 유아교육을 공부하는 학부생 및 대학원생, 유아교사, 유아교육학자, 유아교육 전문가 및 행정가, 심지어 학부모들께서도 이 책이 언제 출판되는지를 문의하고 출판을 서둘러 주기를 부탁하셨습니다. 『이화유치원 만 3, 4, 5세 교육과정 운영의 실제』를 하루 빨리 출판해 달라는 많은 분들의 요청이 저희들에게 든든한 힘과 격려가 되어 주었기에 이 자리를 빌려 감사의 마음을 전하며, 여러분들께서 기대하신 만큼 큰 도움 받으시기를 바랍니다.

2011년 7월 25일

집필진 대표 홍용희

차 례

1장

생활주제 선정의 의의와 목표

생활주제 선정의 의의와 목표

1장

1. 생활주제 선정

여름은 우리나라의 사계절 중 가장 덥고 습한 계절로 장마, 태풍, 무더위 등 다양한 자연현상이 일어나며, 여러 생명체들이 활발하게 성장하고 활동이는 계절이므로 유아들은 기후 및 생물의 변화의 특징을 쉽게 감지하고 이해할 수 있다. 따라서 생활주제 '여름'은 유아들이 여름철 기후 변화와 그에 따라 변화하는 사람 및 동물, 식물의 생활 모습을 관찰하고 인식하면서 여름의 계절적 특징을 알도록 생활주제로 선정하였다. 이와 함께 여름철 발생하기 쉬운 질병 및 안전사고를 예방함으로써 계절의 변화에 슬기롭게 대처하고 건강하게 생활할 수 있는 능력을 기르며 인간과 자연의 조화로운 삶을 경험할 수 있도록 교육 내용을 구성하였다.

2. 주제 및 목표 선정

'여름' 생활주제는 '여름철 날씨와 생활', '여름철 안전', '여름철 동·식물의 변화', '여름방학'으로 구성되었다. 각 주제별 교육 목표 및 교육 내용은 다음과 같다.

주 제	분 류	목표 및 내용
1. 여름철 날씨와 생활	교육 목표	• 계절이 변함에 따라 날씨가 변하는 것을 안다. • 여름철 날씨의 특징을 알고 느낀다. • 여름을 시원하게 보낼 방법을 알고 실천한다. • 여름에는 특별한 절기와 기념일이 있음을 안다.

주 제	분 류	목표 및 내용
1. 여름철 날씨와 생활	교육 내용	'여름철 날씨와 생활' 주제는 유아들이 여름의 계절적 특징에 대해 이해하고 계절의 변화에 슬기롭게 적응해 나갈 수 있도록 선정한 주제이다. 실외자유선택활동이나 야외학습을 통해 여름철 날씨를 체감하는 경험을 자주 갖고, 여름을 시원하게 보내기 위한 적절한 옷차림이나 올바른 냉방 기구 이용법 등 바른 생활 습관에 대해 알아보는 시간을 갖는다. 또한 24절기 중 여름에 해당하는 절기를 알아봄으로써 전통적인 계절의 구분에 대해서 관심을 갖고, 여름철 국경일인 현충일이나 6.25사변일 등 사회 현상에 대해서도 관심을 가질 수 있도록 한다.
2. 여름철 안전	교육 목표	• 여름을 건강하고 위생적으로 지내기 위한 방법을 알고 실천한다. • 여름철 일어날 수 있는 자연재해와 안전한 대처법에 대해 안다. • 가정이나 실외에서 일어날 수 있는 안전사고의 특징과 원인을 알고 예방하는 태도를 갖는다.
	교육 내용	'여름철 안전' 주제는 유아들이 여름을 안전하고 건강하게 보낼 수 있는 방법을 알아보고 실천하도록 선정한 주제이다. 식중독, 유행성 눈병 등 여름철에 걸리기 쉬운 질병의 원인과 증상, 예방법을 알아보고, 여름철 건강한 생활을 위한 습관을 가질 수 있도록 한다. 또한 태풍, 폭우, 홍수, 산사태 등 여름철에 발생하는 자연 재해의 원인과 피해, 대처방법을 알아보고, 산과 바다, 계곡, 물놀이 시설에서 안전하게 놀이하는 방법과 공공장소에서 지켜야 할 규칙을 배울 수 있게 한다.
3. 여름철 동·식물의 변화	교육 목표	• 여름철 자주 볼 수 있는 동·식물의 종류와 특징을 안다. • 여름에는 동·식물이 많이 자라고 성장함을 안다. • 여름에는 많은 곤충을 볼 수 있음을 안다. • 자연의 변화에 호기심을 갖고 관찰한다.
	교육 내용	'여름철 동·식물의 모습' 주제는 유아들이 여름에 자주 볼 수 있는 동물, 식물에 대해 탐구하도록 선정한 주제이다. 이를 위해 실외자유선택활동 및 야외학습을 자주 실시하고, 자신이 좋아하는 여름철 동물 혹은 식물을 책, 사진, 컴퓨터 등 다양한 시청각 자료를 이용하여 조사하면서 호기심을 해결하는 태도를 갖게 한다. 여름철에 볼 수 있는 동물과 식물에 대해 알아보면서 궁극적으로 자연 안에서 사람과 다양한 동·식물이 조화를 이루어 함께 살아가야 함을 알고 생명체를 존중하는 태도를 기르도록 한다.
4. 여름 방학	교육 목표	• 여름방학의 의미와 필요성을 안다. • 한 학기 동안의 유치원 생활을 정리한다. • 즐거운 여름방학을 맞이한다. • 여름방학 중에도 규칙적인 생활을 하는 태도를 기른다. • 방학 동안 경험했던 것을 다양한 활동을 통해 표현하여 자신과 친구들의 경험을 이해한다.
	교육 내용	'여름방학' 주제는 유아들이 여름방학의 의미와 필요성을 알고 보람찬 여름방학을 보낼 수 있도록 선정한 주제이다. 유아들은 여름방학을 맞이하여 한 학기 동안의 유치원 생활을 회상하고, 교실 환경과 개인 소지품을 정리한다. 또한 여름방학 동안 바르고 규칙적인 생활을 할 수 있도록 여름방학 계획을 세움으로써 스스로 할 수 있는 일을 계획하고 실천하는 능력을 기르게 한다. 방학을 지내고 온 후에는, 방학 동안 경험한 것들을 언어, 음악, 동작, 조형, 극 등의 다양한 활동을 통해 회상하고 친구들과 함께 공유하며 타인의 경험을 이해할 수 있도록 한다.

2장

환경 구성

2장

환경 구성

1. 실내 환경 : 현관, 복도

1) 게시판

현관 게시판에 바다 속 풍경을 배경으로 현장학습, 부모 개인 면담, 1학기 종업일 등 유치원 교육 활동에 관련된 각종 안내사항과 매일의 급 · 간식 식재료를 게시한다. 이후 유아들이 만들거나 그린 바다 생물을 전시하며 게시판을 완성해 나간다.

7월 유치원 현관 게시판

2) 복도 벽면

복도 벽면에 단오와 관련하여 유아들이 조사해 온 내용, 유아들이 만든 단오 부채 작품을 전시한다. 또한 6, 7월 중 다녀온 현장학습에서 촬영한 사진, 현장학습에서 재미있었던 일과 알게 된 점을 주제로 한 유아 작품을 게시하여 유아들이 현장학습의 경험을 공유할 수 있도록 한다.

유아들이 조사한 단오 관련자료 게시

유아들이 만든 단오 부채 전시

여름방학을 지낸 후에는 방학 동안 유치원의 달라진 점이나 우리나라에서 있었던 일(예: 로켓 발사), 세계적인 행사(예: 올림픽) 등에 관한 사진이나 유아들의 그림을 전시한다.

2008년도 베이징 올림픽 경기 관련 자료

3) 복도 영역

여름철에 볼 수 있는 동·식물에 대한 정보가 담긴 책을 제공하고, 벽면에는 관련 화보를 게시한다. 여름철에 볼 수 있는 곤충 모형과 숲 속 배경판, 바다 속 생물 모형과 바다 속 배경판 상상 놀이 세트를 제공하여 유아들이 하루 일과 중 자유롭게 찾아와 상상 놀이를 할 수 있도록 한다.

유아들이 여름방학 동안 그려 온 그림이나 만들어 온 조형 작품들을 전시한다. 유아들이 가져온 입체 조형물이나 사진 모음집 등을 전시할 수 있는 책상을 마련하고, 벽면에는 그림이나 사진을 전시할 수 있도록 학급별 이름표를 게시해 둔다.

방학 동안 그리거나 만든 작품

2. 실내 환경 : 교실

- 생활주제 : 여름
- ○○○반 흥미 영역 배치도　　　　　○○○○학년도 ○월 ○주 ~ ○월 ○주

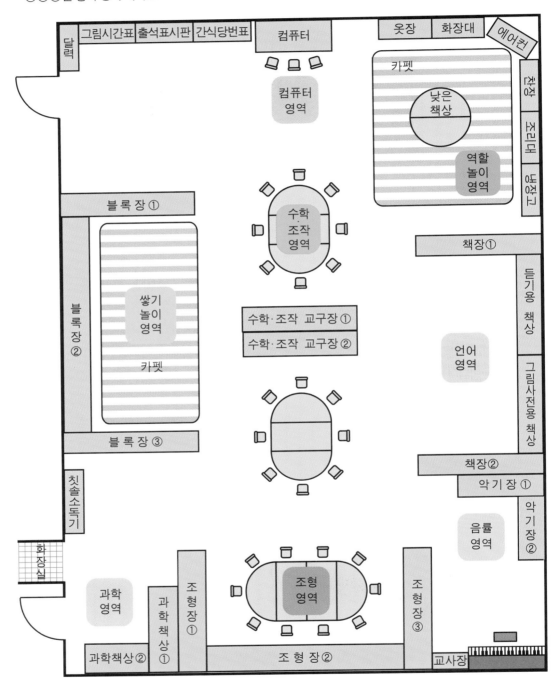

1) 교실 벽면

(1) 출석 표시판

여름철 산과 바다의 모습을 배경으로 출석 표시판을 준비한다. 유아들의 이름표는 여름철에 볼 수 있는 동·식물 중에 유아가 가장 마음에 드는 것을 그려 사용하도록 한다.

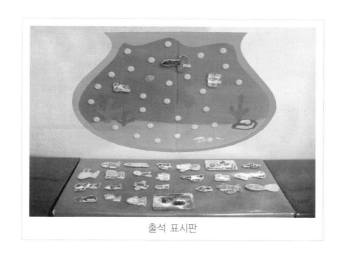

출석 표시판

(2) 벽면 전시

교실 벽면에는 여름철 건강한 생활에 대하여 유아들과 이야기 나눈 활동자료에 유아의 글과 그림을 더하여 게시한다. 투명 종이에 그림을 그려 교실의 창문에 전시하면 창밖의 여름 풍경과 유아의 작품을 조화롭게 감상할 수 있어 효과적이다.

투명 종이 그림 전시

2) 흥미 영역

(1) 언어 영역

① 읽기 영역

여름철 동·식물에 대한 책, 여름철 안전한 놀이를 위해 지켜야 할 내용에 관한 책, 여름철 안전하게 음식 먹는 방법이 제시된 책 등을 제공해 준다. 유아들이 가정에서 여름철 동·식물에 대해 조사해 온 자료를 교사가 준비한 책과 함께 제시한다. 생활주제와 관련하여 배운 동시자료나 유아들이 지은 동시 작품을 게시한다.

언어 영역 전경

창작 동시 '바다 속 친구들과 함께'

② 쓰기 영역

유아들이 여름철 과일이나 여름철 자주 이용하는 물건의 이름과 글자 형태를 익힐 수 있는 쓰기 교구를 제시한다. 유아들이 단어를 보고 글자를 써보거나 음운 조각을 조합하여 글자를 구성해 볼 수 있는 교구를 제공한다. 여름과 관련된 주제로 그림 사전을 만들 수 있도록 그림 사전에 오려 붙일 그림과 여름철 관련 단어를 소개하는 글자판을 제시한다. 글자판에는 유아들이 글씨를 쓸 때의 정확한 획순을 알 수 있도록 화살표와 번호로 획순을 기입한다.

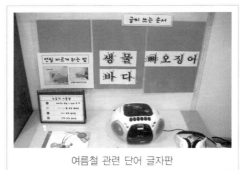

여름철 관련 단어 글자판

여름철 관련 단어 구성하기

③ 말하기 영역

　　유아들이 조형활동으로 만든 곤충이나 바다 생물 그림에 막대를 부착하여 막대인형을 만들고 인형 극장 틀과 함께 말하기 영역에 제공한다. 바다 생물 그림을 투명한 OHP용지에 복사하여 오린 후 손잡이를 달아 유아들이 OHP에 올려놓고 조작하면서 그림자극 놀이를 할 수 있도록 한다.

바다 생물 인형으로 그림자극 놀이하기

(2) 쌓기 놀이 영역

　　유아들이 바다나 숲 등을 만들어 놀이할 수 있게 바다 생물 모형(예: 고래, 상어, 거북이, 가오리, 게, 해마, 복어, 불가사리, 조개 등)과 곤충 모형(예: 매미, 잠자리, 개미, 물방개 등), 나무 모형 등을 제시한다. 유아들이 그린 그림을 코팅해서 놀이에 활용할 수도 있다. 또는 여러 종류의 배들(예: 플라스틱 배, 나무배, 조립할 수 있는 배 모형, 유아들이 만든 배 등), 배 위에서 사용하는 기구(예: 노, 구명조끼, 구명보트 등)와 선원 인형 등을 내어주어 뱃놀이를 할 수 있도록 한다.

쌓기 놀이 영역 전경

모형 배 소품

바다 생물, 곤충 소품

(3) 역할 놀이 영역

역할 놀이 영역에 샌들, 슬리퍼, 모자, 팔찌, 선글라스 등 여름철 물건을 첨가한다. 여름철 과일, 채소 모형을 제공해 유아들이 여름철 음식을 만들 수 있게 한다. 야영 놀이와 같이 여름방학에 경험하기 쉬운 주제로 역할 놀이 영역을 구성한다. 놀이에 필요한 기본적인 소품을 제시하고 가구를 재배치한 뒤, 놀이 평가를 통해 필요한 소품을 유아들과 함께 준비하여 영역을 완성해 나간다.

야영 놀이

(4) 수학 · 조작 영역

여름 관련 주제(예: 날씨, 생활, 과일, 동물 등) 그림 카드, 여러 가지 곤충의 패턴 맞히기 교구 및 수 세기 교구 등 유아들의 사고력과 추리력을 발달시킬 수 있는 개인용 수학 · 조작 교구를 중심으로 조작 영역을 구성한다.

수학 · 조작 교구장

(5) 과학 영역

여름의 계절적 특징과 관련하여 온도에 따른 음식의 부패과정을 관찰할 수 있는 실험을 제시한다. 이를 통해 유아들이 여름철 음식을 보관하는 방법에 대하여 생각해 보게 한다. 유아들이 방학 동안 수집해 온 여러 가지 자연물(예: 조개껍데기, 소라껍데기, 돌, 나무토막 등)을 전시하고 이름과 수집한 장소 등을 함께 게시한다. 전시물과 관련된 화보와 책을 함께 비치한다.

음식물 부패과정 실험

여러 가지 조개 관찰

(6) 조형 영역

　유아들이 물감을 자유롭게 이용할 수 있도록 화판, 물감통, 붓, 건조대 등을 준비한다. 날씨가 맑은 날에는 유아들이 실외나 반실외 공간에서 그림을 그릴 수 있게 한다. 유아들이 여름방학 동안 경험한 것을 조형작품으로 표현할 수 있도록 여러 가지 자연물(예: 톱밥, 대패밥, 나무껍질, 조개껍데기, 돌멩이 등)이나 꾸미기 재료(예: 수수깡, 파란색 비닐끈, 여러 가지 재질의 실, 모래, 물을 들인 색모래 등)를 내어준다. 조형 영역의 벽면에는 여름방학 동안 재미있었던 일을 그린 그림이나 유아들의 조형 작품(예: 모래 그림, 바다/산 꾸미기 공동작업, 비밀그림 등)을 전시한다.

조형 영역 전경

색모래, 비닐끈, 조개껍데기

조형 영역 벽면 – 방학 동안 이렇게 지냈어요

(7) 음률 영역

　　레인 스틱, 부채로 만든 악기, 과일 모양 마라카스 등의 악기를 음률 영역에 추가한다. 한 학기 동안 배운 다양한 노래 악보를 게시하여 '특정 노랫말 보고 노래 알아맞히기', '첫 소절 듣고 노래 알아맞히기' 등의 놀이를 할 수 있도록 한다. 유아들이 수집해 온 다양한 재료(예: 모래, 작은 돌멩이, 조개껍데기 등)를 넣어 만든 마라카스나 조개로 꾸며 만든 심벌즈, 요구르트 통을 꾸며 만든 캐스터네츠 등을 제공한다. 산과 바다에서 들을 수 있는 소리를 녹음하여 그림 카드를 제시한다. 산에서 들을 수 있는 소리와 바다에서 들을 수 있는 소리를 각각 준비하여 유아들이 관련 그림 카드를 구별해 보는 활동을 하게 한다.

음률 교구장

산과 바다에서 들을 수 있는 소리 듣기

3. 실외 환경 : 마당

모래 놀이, 물놀이 영역에 유아들이 물놀이를 할 수 있는 큰 수조, 비닐 작업복, 물놀이 용구(예:
페트병, 호스, 바다 생물 소품 등)를 제시한다. 햇빛을 막을 수 있는 5~6인용 텐트를 마당의 그늘진
곳에 두어 마당 놀이 중간에 유아들이 땀을 식히고 휴식할 수 있도록 한다.

물놀이 공간

휴식 공간

3장

활동

★ 주제별 활동 목록

구분		여름철 날씨와 생활	여름철 안전	여름철 동·식물의 모습	여름방학
자유선택활동	쌓기 놀이 영역				바다 속 구성하기
	역할 놀이 영역				야영 놀이
	언어 영역	반대 개념 맞히기			
	수학·조작 영역		여름철 물건 빙고	장수풍뎅이의 한살이	
	과학 영역		물놀이 용구 만들기		조개껍데기 무늬 비교하기
	조형 영역	모자 만들기 부채 악기 만들기 비누거품 찍기 단오 부채 만들기		채소 도장 찍기	그림작품 정리하기
	음률 영역	실로폰 연주하기			여름에 들을 수 있는 소리 구분하기
	실외 영역	비눗방울 놀이	물놀이 I		
대소집단활동	이야기나누기	여름철 날씨와 건강 여름철 날씨의 특징 I - 장마 여름철 날씨의 특징 II - 태풍	여름철 식생활 안전 실외에서의 놀이 안전 물놀이 II 눈병 예방하기 가정 안전	바다 생물 여름철 곤충 여름에 꽃이 피는 식물	개인장 및 교실 정리 1학기 종업일 2학기 개학일 방학 동안 재미있었던 일
	동화·동극·동시	그림자(동시) 빗물 웅덩이(동극) 비눗방울(동시)	신나는 마당 놀이(동극)	여름이 되면(동시)	내가 만약 바다 속에서 놀 수 있다면(동시) 샘물이 혼자서(동시)
	노래·음악감상·악기연주	사계 중 '여름' (음악감상) 우산(노래)	얼음과자(노래)	소라(노래) 숭어(음악감상) 수박(노래)	여름방학(노래)
	율동	비눗방울			바다
	신체	시냇물 건너기(게임)	튜브 통과하기(게임)	게걸음(게임)	낚시하기(게임) 공 위(아래)로 전달하기(게임)
	수학			여름철 과일 무게 측정하기	
	과학	화채 만들기 창포물에 머리 감기	과일빙수 식빵·우유·밥의 변화관찰	봉숭아 물 들이기 얼음 수박 만들기 배추 모종 심기	
	사회	단오			여름방학 생활

※ 본 교재에 수록된 활동은 만 5세 '여름' 생활주제에서 실시하고 있는 교육 활동 중 일부만 소개된 것입니다.

1. 여름철 날씨와 생활

여름철 날씨와 건강

집단형태
대집단활동

활동유형
이야기나누기

활동자료
불볕더위와 열대야에 관한
기상 특보 동영상자료

활동목표

- 여름철 날씨의 특징을 안다.
- 불볕더위와 열대야의 의미를 안다.
- 여름을 건강하게 지내는 방법을 알고 실천한다.

활동방법

○ 날씨가 더운 날 마당 놀이를 마친 후 교실에 모여 앉는다.

- 요즘 날씨가 어떤가요?
  - 덥다.
- 더운 날 마당 놀이를 하니 몸이 어떤가요?
  - 땀이 많이 나서 옷이 젖는다.
  - 더워서 몸에 있는 수분이 땀으로 많이 빠져나가 지치고 힘이 없어진다.

○ 불볕더위에 대하여 이야기를 나눈다.

- 요즘처럼 햇빛이 많이 비춰 날씨가 무더운 계절을 무엇이라고 하나요?
  - 여름
- '불볕더위' 라는 말을 들어본 적 있나요?
- 여름철에 햇볕이 매우 뜨겁게 내리쬐는 몹시 더운 상태를 '불볕더위' 라고 말해요.
- 불볕더위가 있는 날에는 다른 날보다 몸이 더 힘들고 쉽게 지쳐요. 불볕더위에
  건강하게 지내려면 어떻게 해야 할까요?
  - 물을 자주 마신다.
  - 신선한 채소와 과일을 많이 먹는다.
  - 실내온도와 실외온도 차이가 많이 나지 않도록 한다(5도 이상 차이 나지 않
    게 하기).
  - 에어컨이나 선풍기 바람을 오래 쐬지 않는다.
  - 충분한 휴식을 취한다.
- 이런 날씨에 오랫동안 실외에서 놀이를 하면 어떨까요?
  - 땀이 많이 난다.
  - 어지럽다.
  - 피부가 햇빛에 그을어 따갑다.

• 햇볕에는 우리 몸에 해로운 '자외선'이라는 것이 들어 있다. 자외선을 많이 받으면 피부가 타거나 피부병이 생길 수 있다.

■ 햇빛 속에 있는 자외선을 막으려면 어떻게 해야 할까요?

• 노출된 신체 부분(예: 얼굴, 팔, 다리 등)에 자외선 차단제를 바른다. **T**IP

• 챙이 넓은 모자를 쓴다.

• 선글라스를 쓴다.

■ 더운 날 외출에서 집에 돌아오면 어떻게 해야 할까요?

• 손과 발을 깨끗하게 씻는다.

• 땀을 씻지 않으면 몸이 더러워지고, 병균이 몸에 들어오기 쉬우므로 샤워를 한다.

○ 열대야에 대한 뉴스 영상이나 신문기사를 보며 이야기를 나눈다.

■ 밤에는 햇볕이 내리쬐지 않기 때문에 낮보다 덜 더워요. 하지만 밤에도 계속 더운 날이 있어요. 더운 밤에 잠을 잘 잘 수 있나요?

• 너무 더우면 잠이 잘 안 온다.

• 잠을 자다가 더워서 깨기도 한다.

■ 여름철 밤이 되어도 온도가 내려가지 않고 높은 상태(25℃ 이상)가 계속되는 것을 '열대야'라고 불러요.

■ 열대야에도 잠을 잘 자서 몸을 건강히 하려면 어떻게 해야 할까요?

• 규칙적으로 잠자고 일어난다.

• 낮잠은 짧게 잔다.

• 미지근한 물로 샤워를 하고 잠을 잔다.

관련활동

■ 동극 '빗물 웅덩이' (33쪽 참고)

TIP 자외선 차단제의 용기에 적혀 있는 숫자(SPF 지수)의 의미에 대하여 유아들이 호기심을 가질 경우 이에 대하여 이야기 나눈다.

집단형태

대집단활동

활동유형

동시

활동자료

다양한 그림자 놀이 활동사진, 동시자료, 게시판

'그림자' 동시자료

활동목표

■ 그림자의 성질을 안다.

■ 반복된 구절을 낭송하며 운율을 느낀다.

활동방법

○ 유아들과 함께 마당에서 그림자 놀이를 한다(예: 나와 그림자의 모양 관찰하기, 친구의 그림자 관찰하기, 그림자 밟기 등).

○ 그림자에 대해 이야기를 나눈다.

■ 그림자에 대해 알고 있는 점을 이야기해 봅시다.

• 그림자는 잡을 수가 없다.

• 키가 커지기도 하고 작아지기도 한다.

• 여러 가지 모양으로 변신할 수 있다.

• 흙이 묻거나 더러워지지 않는다.

■ 그림자로 어떤 놀이를 하면 재미있을까요?

• 잡기 놀이

• 춤추기

• 모양 만들기

○ 동시를 소개한다.

■ 윤석중 작가는 어린이들을 위해 동시나 동화를 쓰신 분이에요. 윤석중 작가가 그림자를 보면서 만든 동시를 들려줄게요.

○ 교사가 동시를 낭송한다.

○ 동시를 듣고 난 후 감상을 이야기한다.

■ 동시를 듣고 나니 어떤 느낌이 드나요?

■ 그림자로 옷을 지어 입었다면 어떨까요?

○ 유아와 함께 동시를 낭송한다

○ 유아들이 자유롭게 감상하고 낭송해 볼 수 있도록 언어 영역에 동시자료를 제시한다.

그림자

윤석중

그림자 그림자
그림자는 젖지 않지.
그림자로 옷 해 입고
비 오는 날 다녔으면.

그림자 그림자
그림자는 못 붙잡지.
그림자로 옷 해 입고
술래잡기 했으면.

그림자 그림자
그림자는 흙 안 묻지.
그림자로 옷 해 입고
데굴데굴 굴렀으면.

활동 3 모자 만들기

집단형태

자유선택활동

활동유형

조형 영역

활동자료

다양한 형태의 모자 실물(혹은 사진), 모자 모양 본, 모양 펀치, 셀로판지, 색공, 리본, 사인펜, 네임펜, 색연필, 매직펜, 가위, 목공본드, 풀, 스테이플러, 셀로판테이프, 작업 순서도

모자 만들기 순서도

🅣**IP** 모양펀치로 뚫은 부분 뒷면에 셀로판지를 붙이면 햇빛을 받았을 때 투명하게 비추어지는 효과를 낼 수 있다.

활동목표

- 모자의 필요성을 안다.
- 날씨와 상황에 알맞은 차림을 한다.
- 여름을 시원하게 보내는 방법을 알고 실천한다.

활동방법

○ 모자의 필요성에 대해 이야기 나눈다.

- 오늘 날씨가 어떤가요?
- 햇볕이 내리쬐는 날에 밖에 나가려면 무엇이 필요한가요?
  - 자외선 차단 크림, 모자 등
- ○○○반 어린이들은 모자를 모두 갖고 있나요? 어떤 모양인가요?

○ 모자를 만드는 방법을 소개한다.

- (미리 만든 모자를 보여 주며) 이렇게 생긴 모자를 만들어 볼 거예요.
- 이 모자는 어떻게 만들었을까요?
  - 두꺼운 종이에 그려져 있는 선을 따라 가위로 오린다.
  - 여러 가지 재료를 이용하여 모자를 꾸민다. 예를 들어 모자 위에 색공, 리본, 백어 등을 붙이거나 모양펀치로 종이를 뚫은 후 셀로판지를 붙인다. 🅣**IP**
  - 유아의 머리에 모자를 대고 머리 둘레만큼 모자를 조절한 후 스테이플러로 고정시켜 완성한다.
  - 유아에게 맞추어진 모자 사이즈대로 양 끝을 마주대고 스테이플러로 찍어 고정시킨다.

○ 모자를 만든다.

모양 따라 오리기

모자 꾸미기

머리에 맞게 모자 고정하기

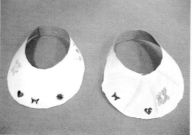

완성작품

유의점

■ 스테이플러 심이 접히는 부분이 모자 겉을 향하도록 찍고 그 위에 셀로판테이프를 붙여 유아가 모자를 썼을 때 심의 거친 부분이 머리에 닿지 않도록 한다.

스테이플러 심의 거친 부분이 바깥을 향하게 찍기

부채 악기 만들기

집단형태
자유선택활동

활동유형
조형 영역

활동자료
부채, 한지, 물감, 물감접시, 모루도장, 부채에 걸 수 있는 물건 **T IP 1**, 끈 **T IP 2**, 가위, 연필, 송곳 **T IP 3**

T IP 1 부채에 부딪혔을 때 소리가 날 수 있도록 플라스틱 또는 쇠 재질의 단추, 구슬 등을 준비한다. 이때 끈을 묶어 부채에 연결할 수 있도록 구멍이 뚫린 것을 선택한다.

T IP 2 낚싯줄, 1mm 비닐끈, 털실 등을 15~20cm 길이로 잘라 준비한다. 한 쪽에 단추 또는 구슬을 매단 후 부채에 연결할 때 길이를 조절한다.

T IP 3 유아들이 완성된 부채에 단추 또는 구슬을 매달고 싶은 곳에 연필로 표시하면 교사가 송곳으로 구멍을 뚫어 준다.

활동목표

■ 여름을 시원하게 보내는 방법을 알고 실천한다.
■ 자신이 만든 작품을 놀이에 활용한다.

활동방법

○ 부채로 소리를 낼 수 있는 방법에 대해 알아본다.

■ 부채를 부쳐 보세요. 어떤 소리가 들리나요?
  • '휘휘' 바람 부는 소리가 들린다.
■ 부채로 소리를 낼 수 있는 다른 방법들을 생각해 봅시다.
  • 손으로 부채를 두드린다.
  • 부채에 소리 나는 것을 매달아 흔든다.

○ 부채로 악기를 만든다.

■ 부채를 꾸미고 소리 나는 것들을 매달아 악기를 만들어 봅시다.
■ 부채에 그림을 그리거나 한지를 붙여 꾸며 봅시다.
■ 부채에 단추(구슬)를 매달아 봅시다. 단추(구슬)를 매달고 싶은 곳에 연필로 표시해 보세요. 연필로 표시한 곳에 선생님이 송곳으로 구멍을 뚫어 줄 거예요.
■ (구슬, 단추를 보여 주며) 부채에 무엇을 매달고 싶나요? 몇 개를 매달고 싶나요?
■ 단추(구슬)의 구멍에 끈을 끼워 매듭을 지어 보세요.
■ 부채의 구멍에 끈을 넣어 부채에 매달아 봅시다. 끈의 길이는 어느 정도로 할까요?

○ 완성된 부채 악기를 음률 영역에 전시하여 방안놀이 시간에 유아들이 연주하도록 한다.

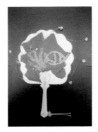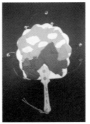

부채 악기

활동 5 여름철 날씨의 특징 Ⅰ- 장마

활동목표

- 여름철 날씨의 특징을 안다.
- 여름철 날씨로 인해 재해가 발생할 수 있음을 안다.
- 여름을 안전하게 보내는 방법을 알고 실천한다.

활동방법

○ 장마를 알리는 신문기사를 보며 이야기를 나눈다.

- 장마란 어떤 뜻인가요?
  - 여름철(6, 7월)에 비가 계속해서 내리는 날씨를 말한다.
- 장마를 알리는 신문기사를 읽어 줄게요.
- 여름에 비가 많이 내리면 봄에 심은 식물이 잘 자랄 수 있어요. 그런데 비가 며칠 동안 계속해서 내리면 어떻게 될까요?
  - 강물이 넘치거나 땅이 물에 잠긴다.
  - 불어난 하수구의 물이 빠지지 못해 역류하여 집 안으로 들어오기도 한다.
  - 지붕이 파손된 경우 천장에서 물이 새기도 한다.
  - 논과 밭이 물에 잠긴다.
- 장마철을 건강하게 지내려면 우리는 어떤 준비를 해야 할까요?
  - 비를 맞지 않도록 우산, 비옷, 장화 등을 준비한다.
  - 비가 많이 내리는 날은 밖에 나가지 않는다.
  - 혹시 집에 물이 새는 곳은 없는지 확인한다.
  - 하수구가 막혀 있는지 살펴보고 청소한다.
- 농사를 짓는 사람들은 농작물이 잠기지 않도록 물길을 만들기도 해요.

장마로 인한 피해를 알리는 뉴스 보기

집단형태
대집단활동

활동유형
이야기나누기

활동자료
장마에 관한 신문기사나 뉴스 동영상

유의점

- 본 활동은 장마가 시작될 때 실시하여 유아들이 여름철 날씨의 특징과 자연현상에 관심을 갖도록 한다.
- 유아들에게 가정에서 장마와 가뭄에 대하여 알아오게 하면 유아들이 적극적으로 활동에 참여할 수 있다.

관련활동

- 동극 '빗물 웅덩이' (33쪽 참고)
- 이야기나누기 '여름철 날씨의 특징 II - 태풍' (29쪽 참고)

여름철 날씨의 특징 Ⅱ – 태풍

활동목표

■ 여름철 날씨의 특징을 안다.

■ 여름철 날씨로 인해 재해가 발생할 수 있음을 안다.

■ 여름을 안전하게 보내는 방법을 알고 실천한다.

집단형태

대집단활동

활동유형

이야기나누기

활동자료

태풍에 관한 신문기사나 뉴스 동영상

활동방법

○ 태풍의 뜻과 발생 원인에 대해 이야기를 나눈다.

■ 태풍이란 무엇일까요?

• 더운 공기가 큰 소용돌이를 일으키면서 이동하는 것이다.

• 바람이 몹시 세게 불면서 비가 쏟아진다.

• 8, 9월쯤에 우리나라를 거쳐 간다.

■ 태풍에도 이름이 있는데 올해 태풍의 이름이 무엇인지 아는 사람 있나요?

• 각 나라에서 정한 이름을 번갈아 가며 쓰고 있다.

○ 태풍의 영향과 피해 방지에 대하여 이야기를 나눈다.

■ 태풍이 오면 어떤 일이 생기나요?

• 도로에 있는 간판, 전봇대 등이 강한 바람에 쓰러지거나 부서져 날아갈 수 있다.

• 바다 주변에서는 큰 파도가 일어서 많은 물건들이 물에 휩쓸려 갈 수 있다. 바닷물에 젖은 물건은 소금기가 남아 나중에도 쓰기 어렵다.

• 식물이나 곡식 등이 바람에 쓰러져 농작물을 먹을 수 없다.

■ 태풍의 피해를 막을 수는 없을까요?

• 태풍이 오기 전 TV나 라디오 등의 날씨 방송을 보며 위험 정도를 확인한다.

• 대피 방송이 나오면 안전한 장소로 대피한다.

• 집 밖으로 나가지 않는다.

■ 태풍으로 인해 피해를 입은 사람들의 마음은 어떨까요?

■ 그 사람들에게 필요한 것은 무엇인가요?

• 물건이 부서지거나 물에 젖어 쓸 수 없게 된 사람들은 물건이 필요하다.

• 옷이나 이불이 필요하다.

• 마실 물과 먹을 음식이 필요하다.

■ 우리가 할 수 있는 일은 어떤 것이 있을까요?

• 옷, 음식, 성금을 모아 보내준다.

■ 본 활동은 태풍이 예보되어 피해가 우려될 때 실시하여 유아들이 여름철 날씨의 특징과 자연현상에 관심을 갖도록 한다.

■ 유아들에게 가정에서 태풍에 대해 알아오게 하면 유아들이 적극적으로 활동에 참여할 수 있다.

관련활동

■ 이야기나누기 '여름철 날씨의 특징 I - 장마' (27쪽 참고)

활동목표

- 여름철 자연의 모습에 관심을 갖는다.
- 음악을 들으며 심미감을 기른다.

활동방법

○ '여름'에 관해 생각나는 것들을 자유롭게 이야기 나눈다.
- '여름'하면 무엇이 생각나나요?
  - 무더위, 나무, 수풀, 비, 수영, 아이스크림 등

○ 곡을 소개한다.
- 비발디라는 음악가가 사계절의 모습을 보며 만든 곡이 있어요. 오늘은 그중에 여름의 모습을 보며 만든 곡을 들어보도록 해요.

○ 곡을 감상한다.

○ 감상을 하며 생각하거나 느낀 점에 대해 이야기를 나눈다.
- 어떤 느낌이 드나요?
  - 빠르다. 강하다. 떨린다. 두근거린다.
- 이 음악을 들으니 여름의 어떤 모습이 떠오르나요?
  - 폭풍우가 치는 모습
  - 푸른 숲에 장맛비가 내리는 모습
  - 바다에 파도가 치는 모습
  - 비를 맞으며 달리기를 하는 모습
- 어떤 악기로 연주했나요?
  - 바이올린, 첼로, 비올라 **T**IP

○ 다시 한 번 곡을 감상한다. 이때 유아들에게 느낌을 몸으로 자유롭게 표현할 수 있도록 한다.
- 다시 음악을 들어봅시다.
- 이번에는 우리가 이야기한 장면을 머릿속으로 떠올리면서 들어보세요. 음악을 들으며 몸을 움직이고 싶은 사람은 움직이세요.

○ 방안놀이 시간에 감상할 수 있도록 음률 영역에 음악 CD(테이프)와 CD 플레이어 (카세트테이프 플레이어)를 준비하고 하루일과 중 수시로 틀어 준다.

집단형태
대집단활동

활동유형
음악감상

활동자료
CD(DVD) 플레이어, 음악 CD(DVD 혹은 동영상), 음악 내용을 표현한 사진(예: 울창한 숲, 계곡 등 여름철 자연 모습이 나타난 사진 등), 작곡자 사진(비발디), 연주자 사진 (실내악단 연주 사진)

TIP 악기 사진을 보여 주며 각 악기 소리를 들려준다.

- 유아들에게 음악을 들려줄 때 곡 전체를 들려주기보다는 곡의 주제가 특징적으로 표현된 부분을 반복해서 들려주도록 한다.

- 이야기나누기 '여름철 날씨와 건강' (20쪽 참고)
- 이야기나누기 '여름철 날씨의 특징 I - 장마' (27쪽 참고)
- 이야기나누기 '여름철 날씨의 특징 II - 태풍' (29쪽 참고)

활동 8 빗물 웅덩이

활동목표

■ 여름철 날씨의 특징을 안다.

■ 동화의 내용을 이해하고 극으로 표현한다.

활동방법

○ 동화를 듣고 난 뒤 동극을 할 것임을 알려 준다.

■ 동화를 듣고 동극을 하는 데 필요한 사항을 당부한다.

• 어떤 등장인물이 나와서 어떤 말을 하는지 기억하면서 듣는다.

• 동극을 하기 위해서는 어떤 준비물과 무대가 필요한지 생각하면서 듣는다.

○ '빗물 웅덩이' 테이블 동화를 들려준다.

○ 유아들과 함께 동화의 내용과 대사를 회상한다.

■ 암탉이 빗물 웅덩이를 보고 왜 깜짝 놀랐나요?

• 암탉이 물에 빠졌다고 생각했기 때문이다.

■ 암탉은 빗물 웅덩이를 보고 어떤 말을 했나요? ○○가 되어서 말해 봅시다.

• "살려주세요! 살려주세요! 암탉이 물에 빠졌어요!"

■ 암탉의 말을 듣고 달려온 동물은 누구인가요?

• 고양이가 왔다.

■ 고양이는 빗물 웅덩이를 보며 어떤 말을 했나요?

■ 토끼, 염소, 돼지 등에 대해서도 같은 방식으로 회상해 본다.

○ 동극 무대 꾸미기에 대해 의논하고 무대를 꾸민다.

■ 이 동극을 하기 위해서는 어떤 곳이 필요할까요?

• 빗물 웅덩이, 부엉이가 있었던 나무

■ 무대는 어떻게 꾸밀까요? 어디에 꾸밀까요?

○ 소품을 준비한다.

■ 동극을 하려면 무엇이 필요한가요?

• 해, 빗물로 사용할 종이/천

■ 동극을 할 때 각각 무슨 역할을 맡았는지 알 수 있도록 하기 위해서는 무엇이 필요할까요?

• 동극용 머리띠나 동물 이름이 적힌 목걸이

집단형태

대집단활동

활동유형

동극

활동자료

동화자료(테이블 동화), 높이가 낮은 책상(교사가 바닥에 앉아 동화를 시연할 수 있을 만한 높이)

'빗물 웅덩이' 동화자료

동화 듣기

'빗물 웅덩이' 동극 하기

○ 동극 배역을 정한다.

■ (등장인물을 차례대로 이야기하며) 암탉(고양이, 토끼, 염소, 돼지, 부엉이) 역할을 맡고 싶은 사람은 손을 드세요.

○ 배역을 맡은 유아들이 나와서 한 줄로 서서 자기소개를 한다.

■ 역할을 맡은 사람들은 무대 가운데에 한 줄로 서세요. 왼쪽에 있는 사람부터 차례대로 자신이 맡은 역할과 이름을 말하고 인사를 하세요.

○ 배역을 맡은 어린이들은 무대에서 자신의 자리를 찾아가 앉는다.

■ 이제 역할을 맡은 어린이들은 각자 정해진 장소에 가서 기다리세요.

○ 동극을 시작한다.

○ 동극이 끝난 후 인사를 하고, 관객들은 답례로 박수를 쳐 준다.

○ 유아들과 함께 감상을 이야기하며 평가한다.

■ 동극을 보며 재미있었던 점은 무엇이었나요?

■ 어떻게 하면 동극을 더 재미있게 할 수 있을까요?

○ 동극이 끝나면 무대와 소품을 유아들이 정리할 수 있도록 한다.

관련활동

■ 이야기나누기 '여름철 날씨와 건강' (20쪽 참고)

동 화

빗물 웅덩이

여기는 여러 동물들이 살고 있는 농장입니다. 어느 날 하늘에서 비가 주룩주룩 내리고 나자 농장에는 커다란 웅덩이가 하나 생겼습니다. 장바구니를 들고 시장에 가던 암탉이 이 커다란 웅덩이 물에 비친 자기의 그림자를 보고 깜짝 놀라 소리쳤어요.

암 탉   꼬꼬! 꼬꼬! 큰일 났어요. 큰일 났어요.

이때 장난감을 가지고 놀고 있던 고양이가 달려와서 암탉에게 물었습니다.

고양이   야옹! 야옹! 무슨 일이니?
암 탉   꼬꼬! 꼬꼬! 웅덩이에 암탉이 빠졌어요. 암탉 살려요!

암탉은 다른 동물들을 데리러 갔습니다. 암탉의 말을 들은 고양이는 웅덩이를 들여다보았습니다. 그러고는 깜짝 놀라 소리쳤습니다.

고양이   야옹! 야옹! 큰일 났어요. 큰일 났어요.

마당에서 청소를 하고 있던 토끼가 깡충깡충 뛰어와서 고양이에게 물었습니다.

토 끼 무슨 일이니?
고양이 야옹! 야옹! 웅덩이에 고양이가 빠졌어요. 고양이 살려요!

고양이도 다른 동물들을 데리러 갔습니다. 고양이의 말을 들은 토끼는 웅덩이를 들여다보았습니다. 그러고는 깜짝 놀라 소리쳤습니다.

토 끼 큰일 났어요. 큰일 났어요.

페인트칠을 하고 있던 염소가 달려와서 토끼에게 물었습니다.

염 소 매에~ 매에~. 무슨 일이니?
토 끼 웅덩이에 토끼가 빠졌어요. 토끼 살려요!

토끼도 다른 동물들을 데리러 갔습니다. 토끼의 말을 들은 염소는 웅덩이를 들여다보았어요. 그러고는 깜짝 놀라 소리쳤습니다.

염 소 매에~ 매에~. 큰일 났어요. 큰일 났어요.

나들이를 가려고 준비하고 있던 돼지가 달려와서 염소에게 물었습니다.

돼 지 꿀꿀! 꿀꿀! 무슨 일이니?
염 소 매에~ 매에~. 웅덩이에 염소가 빠졌어요. 염소 살려요!

염소도 다른 동물들을 데리러 갔습니다. 염소의 말을 들은 돼지는 웅덩이를 들여다보았습니다. 그러고는 깜짝 놀라 소리쳤습니다.

돼 지 꿀꿀! 꿀꿀! 큰일 났어요. 큰일 났어요. 웅덩이에 돼지가 빠졌어요. 돼지 살려요!

이때 농장의 모든 동물들이 다시 웅덩이 주위에 모여 들어 서로 자기와 닮은 동물이 빠졌다고 아우성을 쳤습니다. 그러는 동안 해님이 웅덩이를 쨍쨍 비추었습니다. 그래서 웅덩이 물이 모두 말라버렸습니다. 아무것도 없는 빈 웅덩이를 본 모든 동물들은 안심하고 집으로 돌아갔습니다. 다시 농장 안은 조용해졌습니다.

그때 나무 위에서 내려다보고 있던 부엉이가 '호호호' 웃으며 말했습니다.

부엉이 부엉! 부엉! 이 농장에서 내가 제일 똑똑하군.

집단형태

대집단활동

활동유형

노래

TIP 이 노래는 비가 오는 날 유아들이 우산을 쓰고 유치원에 왔을 때 배우는 것이 효과적이다.

활동목표

- 여름철 날씨의 특징을 안다.
- 우산의 용도와 필요성을 안다.

활동방법

○ 노랫말에 대해 이야기를 들려준다. **T**IP

- ○○○반 어린이들은 어떤 날이 좋은가요?
  - 맑은 날
- 맑은 날은 우산이 외롭다고 하네요. 왜 그럴까요?
  - 비가 오지 않아 사람들이 우산을 찾지도, 쓰지도 않는다.
- 그럼 우산은 어떤 날을 좋아할까요?
  - 비 오는 날
- 왜 그럴까요?
  - 사람들이 우산을 많이 찾는다.
  - 우산에게 고마워한다.
  - 사람들이 비를 맞지 않게 도와줄 수 있다.

○ 교사가 노래를 들려준다.

- 우산의 기분을 담은 노래가 있어요.

○ 교사와 유아가 나누어 부른다.

○ 다 함께 부른다.

○ 유아들이 익숙하게 부르면 노랫말을 바꾸어 부른다(예: 우산→우비).

관련활동

- 이야기나누기 '여름철 날씨와 건강'(20쪽 참고)
- 이야기나누기 '여름철 날씨의 특징 I - 장마'(27쪽 참고)

우 산

작사·곡 안병원

활동 10 시냇물 건너기

집단형태

대집단활동

활동유형

신체(게임)

활동자료

징검다리용 물건(종이벽돌, 할로우블록 등 유아들이 올라서기에 안전한 크고 무거운 블록), 반환점 2개, 평가자료

활동목표

- 평형감각을 기른다.
- 공간 개념을 형성한다.
- 게임방법을 알고 규칙을 지키며 게임을 한다.

활동방법

| 방법 1 – 놓아진 징검다리 건너기 |

○ 유아들이 두 편으로 나누어 마주 보고 앉는다.

○ 양편의 수가 같은지 확인한다.

○ 게임 내용에 관한 이야기를 들려준다.

- 영희와 철수는 산에 놀러 갔어요. 시냇물을 만났는데 다리가 없어서 건너갈 수도 없고 되돌아가기에는 너무 멀었어요. 그래서 영희와 철수는 돌을 가져다가 징검다리를 만들기로 했어요.
- 징검다리는 무엇인가요?
  - 개울을 건너갈 수 있도록 돌이나 흙더미를 드문드문 놓아서 만든 다리이다.

○ 유아들과 함께 게임방법을 이야기 나누고 게임을 준비한다.

- 이야기에 나온 것처럼 징검다리를 만들어 시냇물을 건너는 것을 게임으로 할 거예요.
- 게임을 어떤 방법으로 할지 생각해 봅시다.
  - 출발 신호 소리가 나면 징검다리를 건너 반환점을 돌아 뛰어온다.
  - 올 때는 다리를 건너지 않고 그냥 뛰어온다.
  - 돌아와서 준비하고 있는 친구와 악수를 하면, 악수를 한 친구가 출발한다.
- 게임을 하려면 무엇이 필요한가요?
  - 징검다리
- 징검다리는 무엇으로 하면 좋을까요?
  - 종이벽돌, 할로우블록 등
- 양편에서 같은 수만큼 블록을 가져와서 적당한 간격을 정해 징검다리를 놓아 봅시다.

○ 게임에 필요한 규칙을 정한다.

- 징검다리를 건너다가 다리에서 떨어지면 어떻게 해야 하나요?

- 다시 징검다리로 올라가 건너간다.
○ 게임을 한다.
○ 평가를 한다.

  ■ 어느 편이 규칙을 잘 지키며 먼저 들어왔나요?

  ■ 양편의 태도가 어땠나요?

| 방법 2 – 징검다리 놓으면서 건너기 |

○ 게임방법을 소개한다.

  ■ 시냇물 건너기 게임을 했던 것이 기억나나요? 어떻게 했었나요?

    • 종이벽돌블록으로 징검다리를 만든 후, 징검다리 위를 건너 반환점을 돌아왔다.

  ■ 오늘도 시냇물 건너기 게임을 해볼 거예요. 그런데 전에 했던 게임방법과 달라요.

  ■ 지난 번에는 징검다리를 만들어 놓고 게임을 했는데, 이번에는 징검다리를 놓으면서 시냇물을 건너갔다 오는 거예요.

    • 2명이 짝이 되어 한 사람은 징검다리를 놓아 주고 한 사람은 징검다리를 건넌다. Ⓣip 1

    • 반환점을 돌아올 때는 짝과 손을 잡고 징검다리를 1개씩 들고 온다. Ⓣip 2

○ 게임하는 방법을 시범으로 보여 준다.

  ■ 선생님과 함께 짝이 되어 게임을 어떻게 하는지 몸으로 보여 줄 사람 손들어 보세요.

  ■ 징검다리를 넓게 놓으면 건너기가 어떨까요?

    • 다음 징검다리로 가기 위해 다리를 많이 벌려야 하므로 건너기 어렵다.

    • 징검다리에서 미끄러져 시냇물에 빠질 수 있다.

  ■ 반대로 징검다리를 좁게 놓으면 건너기가 어떨까요?

    • 걸음걸이를 좁게 해서 가야 하므로 빨리 가지 못하고 답답하다.

    • 빨리 가지 못해 재미없다.

  ■ 친구가 건너기에 적당한 간격으로 징검다리를 놓아 주어야 해요.

○ 게임을 한다.

○ 평가를 한다.

  ■ 어느 편이 규칙을 잘 지키며 먼저 들어왔나요?

  ■ 양편의 태도가 어땠나요?

○ 역할을 바꾸어 두 번째 게임을 한다.

유의점

  ■ 징검다리를 놓을 때 유아들이 건너기에 적당한 간격을 찾음으로써 스스로 문제를 해결할 수 있도록 격려한다.

징검다리 건너기

Ⓣip 1 출발선부터 반환점까지 계속 징검다리를 놓아 가며 게임하기 어려우므로 징검다리 놓는 곳을 약 2m 정도로 제한해 준다.

Ⓣip 2 먼저 편 게임 형식으로 게임하고 유아들이 역할을 나누어 협력하는 데에 익숙해지면 릴레이 게임 형식으로 게임한다.

활 동 11 비누거품 찍기

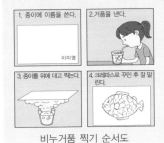

집단형태

자유선택활동

활동유형

조형 영역

활동자료

다양한 재질의 종이(예: 도화지, 달력 종이, 창호지, 갱지, 복사지 등), 그림물감, 주방용 액상 세제 **T**IP 1 , 빨대, 빨대를 담는 용기 2개(쓴 것과 쓰지 않은 것), 다양한 모양과 크기의 용기 **T**IP 2 , 작업 순서도

1. 종이에 이름을 쓴다.	2.거품을 낸다.
이미영	
3. 종이를 위에 대고 찍는다.	4. 크레파스로 꾸민 후 잘 말린다.

비누거품 찍기 순서도

TIP 1 물과 세제는 3:1로 혼합한다.

TIP 2 그릇의 모양에 따라 종이에 찍히는 작품의 모양이 달라지므로 다양한 모양의 그릇을 준비한다.

활동목표

■ 비누거품이 생기는 현상에 호기심을 갖는다.

■ 비누거품을 이용한 미술기법을 익혀 작품을 만든다.

활동방법

○ 비누거품을 만들어 본 경험에 대해 이야기한다.

   ■ 비누거품을 만들어 본 적 있나요? 언제 만들었나요?

      • 손 씻을 때

      • 머리 감을 때

      • 비눗방울 놀이를 할 때

   ■ 비누거품을 어떻게 만들까요?

      • 손에 비누와 물을 묻히고 비빈다.

   ■ 비누거품을 만들 수 있는 다른 방법이 있어요.

      • 비눗물을 만들고 빨대로 불면 비누거품이 올라온다.

   ■ 비눗물이 담긴 컵에 빨대를 넣고 계속 불면 비누거품이 어떻게 될까요?

      • 점점 많아져서 물 컵 위까지 올라온다.

   ■ 비누거품을 만들어서 종이에 찍어 내는 활동을 할 거예요.

○ 비누거품 찍기 활동을 한다.

   ■ 비누거품 만드는 순서를 알려 줄게요.

      • 용기에 여러 가지 색깔의 물감을 탄다.

      • 물감에 주방용 액상 세제를 탄다.

      • 비누가 섞인 물감에 빨대를 꽂고 비누거품이 생기도록 분다.

      • 컵 위로 비누거품이 올라오면 컵에 종이를 올려놓아 거품을 찍어 낸다.

      • 같은 방법으로 다른 색깔 비누거품을 만들어 찍는다.

○ 작품을 살펴본다.

   ■ 무슨 색 비누거품을 찍었나요?

   ■ 종이에 찍혀 나온 비누거품의 모양이 어떤가요?

유의점

■ 유아들이 비누거품을 들이마시지 않도록 비누거품을 내기 전 숨을 내쉬는 것과 들이쉬는 것의 차이를 구분하고 충분히 연습하게 한다.

관련활동

■ 동시 '비눗방울' (44쪽 참고)
■ 실외 영역 '비눗방울 놀이' (42쪽 참고)
■ 율동 '비눗방울' (46쪽 참고)

비누거품 그림 완성작품

집단형태

자유선택활동

활동유형

실외 영역

활동자료

물비누, 물, 비눗방울 액체를 담을 통, 비눗방울을 만들 납작한 접시, 비눗방울 틀, 걸레, 걸레를 담을 통

TIP 물비누를 물과 섞은 후 글리세린 또는 물엿이나 설탕을 넣으면 점성이 생겨 비눗방울이 잘 만들어진다.

활동목표

■ 비눗방울 만드는 방법을 안다.
■ 비눗방울을 만들기 위해 팔의 힘과 속도를 조절한다.

활동방법

○ 유아들과 비눗방울 놀이에 대해 이야기를 나눈다.

■ 비눗방울 놀이를 해본 적이 있나요?
■ 마당 놀이 시간에 비눗방울 놀이를 할 거예요. 비눗방울을 만들기 위해 필요한 재료들을 준비했어요. 어떤 재료가 있는지 살펴봅시다.
  • 물비누, 물, 접시, 비눗방울 틀 등
■ 이 재료들로 비눗방울을 어떻게 만들 수 있을까요?
  • 물에 물비누를 넣고 잘 섞는다. **TIP**
  • 물에 물비누를 넣고 섞은 것을 통에 담는다.
  • 접시에 넘치지 않을 만큼 붓는다.
  • 비눗방울 틀을 접시에 넣고 양옆으로 흔든다.
  • 비눗방울 틀을 접시에서 천천히 들어 올려 비눗방울을 만든다.
  • 비눗방울 틀을 위로 들어 올린 채로 천천히 달리거나 팔을 옆으로 움직인다.
■ 물비누를 섞은 물은 미리 만들어 통에 담아두었어요. 이 통에 담긴 것을 접시에 조금씩 부어가며 비눗방울을 만들도록 하세요.

○ 비눗방울 놀이를 할 때 주의해야 할 점들을 함께 생각해 본다.

■ 놀이를 할 때 어떤 점을 조심해야 할까요?
  • 옷이 젖지 않도록 조심한다.
  • 비눗방울이 묻은 손으로 눈을 만지지 않는다.
  • 다른 사람에게 비눗방울이 튀지 않도록 조심한다.
■ 놀이가 끝난 후 수돗가에 가서 물로 깨끗이 씻도록 하세요.

○ 비눗방울을 만든다.

○ 마당 놀이를 마친 후 놀이를 평가한다.

■ 비눗방울 놀이를 하면서 불편한 점이 있었나요?
  • 놀이를 하다가 비눗방울이 얼굴에 묻었다.

비눗방울 놀이하기

- 손에 비눗물이 많이 묻어 미끈거렸다.
- 다음에 비눗방울 놀이를 할 때 어떤 점을 주의해야 할까요?
  - 친구와 가까이 서지 않는다.
  - 친구가 없는 방향으로 비눗방울을 불도록 한다.
  - 책상에 떨어진 비눗방울을 걸레로 닦는다.

관련활동

- 동시 '비눗방울' (44쪽 참고)
- 율동 '비눗방울' (46쪽 참고)

집단형태

대집단활동

활동유형

동시

활동자료

동시자료, 게시판

'비눗방울' 동시자료

TIP 1 유아들이 자신의 경험을 떠올리며 즐겁게 동시를 낭송할 수 있도록 사전에 비눗방울 놀이를 한다.

TIP 2 여러 가지 방법으로 나누어서 낭송한다. 두 행씩 나누어서 낭송하거나, 의태어 부분과 서술하는 부분으로 나누어서 낭송한다.

활동목표

■ 비눗방울의 모양과 움직임에 관심을 갖는다.

■ 반복된 구절을 낭송하며 운율을 느낀다.

■ 의태어 표현을 이해한다.

활동방법

○ 비눗방울을 만들어 본 경험을 이야기한다. **TIP 1**

■ 비눗방울을 만들어 본 적이 있나요?

■ 어떤 모양이었나요? 어떻게 날아갔나요?

■ 비눗방울을 날리면서 어떤 생각을 했나요?

○ 동시를 소개한다.

■ 목일신 작가가 비눗방울이 날아가는 모습을 보며 지은 '비눗방울' 이라는 동시가 있어요.

○ 교사가 '비눗방울' 동시를 낭송한다.

○ 동시를 듣고 난 후의 느낌을 이야기한다.

■ 동시를 듣고 나니 어떤 생각이 드나요?

○ 동시자료를 사용하여 교사가 동시를 한 번 더 낭송한다.

■ 그림을 보면서 동시를 한 번 더 들어보세요.

○ 동시의 내용에 대해 이야기 나눈다.

■ 비눗방울이 어디까지 날아갔으면 좋겠다고 했나요?

• 구름, 하늘

■ 비눗방울이 날아가는 모습을 어떤 말로 이야기했나요?

• 동동동, 둥실둥실 두둥실

○ 교사와 유아가 함께 동시를 낭송한다. **TIP 2**

동 시

비눗방울

목일신

비눗방울 날아라
바람 타고 동동동
구름까지 올라라
둥실둥실 두둥실

비눗방울 날아라
지붕 위에 동동동
하늘까지 올라라
둥실둥실 두둥실

관련활동

- 실외 영역 '비눗방울 놀이' (42쪽 참고)
- 율동 '비눗방울' (46쪽 참고)

집단형태

대집단활동

활동유형

율동

활동자료

실로폰(또는 피아노 등), 비눗
물, 빨대

TIP 1 본 활동은 유아들이 비
눗방울의 움직임뿐만 아니라 비눗
방울 만드는 과정을 종합하고 재
구성하여 창의적으로 표현하는 율
동이므로 사전활동(예: 비누거품
찍기, 비눗방울 놀이 등)을 충분히
실시한다.

활동목표

■ 비눗방울의 모양과 움직임에 관심을 갖는다.

■ 비눗방울의 움직임을 몸으로 표현한다.

활동방법

○ 비눗방울의 움직임과 실로폰 소리를 연결하여 생각해 본다. **TIP 1**

■ (마당에서 비눗방울 놀이하는 사진을 보여 주며) 비눗방울이 움직이는 모습을
떠올려 봅시다. 비눗방울이 어떻게 움직였나요?

■ 선생님이 비눗방울의 움직임을 실로폰 소리로 표현해 볼게요.

• 비눗방울이 나올 때 실로폰을 아래에서 위로, 위에서 아래로 연이어 긋는다.

• 비눗방울이 높이 떠오르면, 나선형으로 위로 올라가며 실로폰을 긋는다.

• 비눗방울이 터질 때는 음 하나를 가볍게 친다.

○ 유아들이 비눗방울이 되어 몸으로 표현한다. 3~5명의 유아가 비눗방울이 되어
움직여 보고, 자기가 표현한 움직임에 대해 설명한다.

■ ○○○반 어린이들이 비눗방울의 움직임을 몸으로 표현해 봅시다.

■ 누가 나와서 비눗방울이 되어 움직여 볼까요?

■ ○○가 비눗방울의 어떤 움직임을 표현했을까요?

○ 반집단씩 나와 비눗방울의 움직임을 표현한다.

○ 비눗방울 부는 과정을 몸으로 표현한다.

■ 비눗방울을 불려면 무엇이 필요하나요?

• 비눗방울 부는 사람, 비눗물 통, 빨대, 비눗방울 등

■ 비눗방울을 불 때 필요한 것들을 어떤 동작으로 나타낼 것인지 정해 봅시다.

| **방법 1** |

• 한 사람이 불고, 몇 사람이 손을 맞잡아 빨대를 만든다. 비눗방울들은 빨대 속에
있다가 불면 밖으로 나온다.

| **방법 2** |

• 비눗방울을 부는 사람 1명, 빨대 역할 2명, 비눗방울 역할 1명이 한 조가 되어 한
줄로 손을 잡고 선다.

• 맨 앞의 사람이 불고, 가운데 사람들은 빨대가 되고, 맨 뒤의 사람이 비눗방울이

되어 날다가 맨 앞으로 와서 차례대로 역할을 바꾸어 가며 한다.

○ 같은 방법으로 율동할 유아들끼리 모둠을 만들어 역할을 정한 후 앞으로 나와 율동을 한다. IP 2

손을 맞잡아 빨대를 만들고 비눗방울이 빨대 안 통과하기

방법 1

방법 2

○ 율동이 끝난 후 율동을 한 유아들과 관찰한 유아들이 함께 평가한다.

- 어떠한 모습을 표현했나요?
- 친구들이 율동 하는 모습을 보니 어떤 느낌이 드나요?
- 어떻게 하면 더 재미있게 비눗방울을 표현할 수 있을까요?

유의점

- 유아들이 비눗방울의 움직임을 창의적으로 묘사할 수 있도록 격려한다. 교사가 위와 같은 방법을 제안하여 율동을 해본 후 다 함께 평가하는 과정에서, 유아들의 생각을 이끌어 나가면서 창의적인 표현방법을 생각하게 한다.

관련활동

- 조형 영역 '비누 거품 찍기' (40쪽 참고)
- 실외 영역 '비눗방울 놀이' (42쪽 참고)
- 동시 '비눗방울' (44쪽 참고)

IP 2 유아들이 비눗방울이 되어 움직일 때, 교사는 유아의 표현을 살펴보고 이에 따라 실로폰을 긋거나 치는 등 다양한 방법으로 연주하여 유아들의 표현을 지원해 준다.

집단형태

대집단활동

활동유형

사회

활동자료

달력, 민속화(그네 타기, 머리 감기, 씨름 등 단오 풍속이 나타난 그림), 음악자료(농악), 사진 혹은 실물자료(창포, 부채), 단오와 관련한 도서

활동목표

■ 단오의 의미와 유래를 안다.

■ 단오 풍습에 대하여 안다.

■ 전통문화에 친숙해지고 관심을 갖는다.

활동방법

○ 달력을 보며 단오에 대하여 이야기한다.

■ 오늘은 몇 월 며칠인가요?

■ 며칠 뒤인 ○월 ○일 ○요일 날짜 밑에 무엇이라고 쓰여 있는지 함께 읽어 봅시다.

• 단오

○ 단오의 의미와 유래에 대하여 이야기한다.

■ 날짜를 계산하는 데에는 2가지 방법이 있어요. 보통 우리가 쓰는 달력의 날짜는 해를 보고 계산한 것으로 '양력'이라고 말해요. 그러나 옛날 사람들은 달의 모양이 변하는 모습을 보며 날짜를 계산했는데 이를 '음력'이라고 말해요.

■ 단오는 음력 날짜로 5월 5일이에요.

■ 옛날 사람들은 숫자 '5'에 좋은 뜻이 담겨 있다고 생각했어요. 그래서 5가 두 번 들어가는 날짜인 5월 5일 '단오'에는 좋은 일이 일어날 것이라 생각하고 사람들이 함께 모여 여러 가지 방법으로 단오를 축하했어요. **TIP 1**

■ 옛날 사람들이 단오에 했던 일들을 알아봅시다. **TIP 2**

■ 곧 다가올 계절인 여름을 시원하고 건강하게 지내는 소원을 빌며 부채를 만들어 서로 선물했어요.

■ 창포물에 머리를 감으면 머리카락이 튼튼해진다고 생각했어요.

■ 여자들은 그네를 타며 함께 놀고 남자들은 씨름 경기를 했어요. 또한 모두 모여 농악을 연주하고 춤을 추며 흥겹게 놀기도 했어요.

■ 사람들은 단오가 되면 조상님께 제사를 드리며 농사가 잘 되도록 빌었고 여름을 시원하고 건강하게 지낼 수 있게 해달라고 빌었어요.

■ 수리취떡, 화채 등을 만들어 나누어 먹었어요.

○ 우리가 해보고 싶은 단오 풍습에 대해 의논한다. **TIP 3**

TIP 1 양력 5월 5일은 '어린이날'임을 이야기한다.

TIP 2 그림, 사진, 동영상자료를 보여 주며 이야기한다.

TIP 3 유아들과 함께 단오 풍습을 체험하는 사후 활동을 계획한다. 활동 일시와 필요한 준비물 등 구체적인 사항도 유아들과 함께 결정하여 실행해 나간다.

■ 단오에 했던 일들 중에서 우리가 해보고 싶은 것을 생각해 봅시다.

　• 부채를 만들어 서로에게 선물한다.

　• 앵두화채를 만들어 먹는다.

　• 창포물을 우려내어 머리를 감는다.

관련활동

■ 조형 영역 '단오 부채 만들기' (54쪽 참고)

■ 과학 '화채 만들기' (50쪽 참고)

■ 과학 '창포물에 머리 감기' (52쪽 참고)

집단형태

대집단활동 · 소집단활동
(약 10명)

활동유형

과학

활동자료

- 재료(30명 기준): 오미자액 1병, 물 1.5L, 꿀 10큰술, 배 2개
- 기구: 오미자액과 물을 담을 그릇 2개, 계량스푼 1개, 국자 1개, 모양 찍기틀 10개, 유아용 개인접시 10개, 찍기틀로 찍어낸 배를 담을 접시 1개
- 기타: 달력, 단오 풍습에 관한 사진, 화채 사진

활동목표

- 단오의 풍습을 체험한다.
- 전통 음식에 대해 관심을 갖는다.

활동방법

○ 유아들은 등원하자마자 요리를 하고 싶은 순서를 표시한다.

○ 단오에 대하여 이야기하는 가운데 단오음식 중 화채를 만들어 먹을 것을 알린다.

- 오늘은 몇 월 며칠인가요?
- 오늘 날짜 아래에 무엇이라고 쓰여 있나요?
  - 단오
- 단오는 무슨 날인가요?
  - 단오는 음력 5월 5일이다. 옛날 사람들은 '5'를 좋은 숫자라고 생각하고 5월 5일은 5가 두 번 겹치므로 더욱 좋은 날이라 생각했다.
- 단오에 무엇을 만들어 먹었나요?
  - 화채, 수리취떡 등
- 단오에 만들어 먹었던 음식 중 화채를 만들어 먹을 거예요.

○ 화채 사진을 보며 재료를 예측하고 살펴본다.

- 화채를 먹어 본 적 있나요? 어떤 화채를 먹어 보았나요? 어떤 맛이 났나요?
- (사진을 보며) 어떤 재료로 만든 것일까요?
- 오늘은 배를 띄운 화채를 만들어 볼 거예요. 화채를 만들기 위해 필요한 재료들을 살펴봅시다.

○ 화채를 만드는 데에 필요한 적절한 양을 측정하며 요리한다.

① 물을 그릇에 담는다.

- 한 사람이 얼마나 먹으면 좋을까요?
- 한 사람이 한 그릇만큼 먹으려면 물은 얼마나 필요할까요?
  - 한 사람이 한 그릇씩 떠서 붓는다.

② 오미자액과 꿀을 넣고 섞는다. **T**IP

- 새콤달콤한 맛이 날 수 있도록 오미자액을 넣을 거예요. 오미자는 앵두처럼 빨간 열매인데, 다섯 가지 맛이 한꺼번에 난다고 해서 오미자라는 이름이 붙었어요.

TIP 오미자액은 오미자를 설탕에 절여 만든다. 오미자가 출하되는 시기(9월쯤)와 절여지는 데 소요되는 시간 관계상 유아들이 직접 만들기가 어려울 경우 작년 형들이 만들어 놓은 오미자액이나 시중에 판매하는 오미자액을 이용한다.

다섯 가지 맛은 어떤 맛일까요?

- 단맛, 신맛, 쓴맛, 짠맛, 매운맛

■ 오미자액은 신맛이 있기 때문에 꿀을 넣을 거예요. 꿀은 큰술로 몇 번 넣는지 세어 봅시다.

■ 이제 꿀과 오미자액을 넣은 물이 잘 섞일 수 있도록 저어요.

③ 화채에 고명으로 넣을 배를 모양 찍기틀로 찍는다.

■ 선생님이 배의 껍질을 깎은 후 동그란 모양으로 얇게 썰어 놓았어요.

■ 모양 찍기틀로 배를 찍어서 화채에 띄울 거예요.

- 모양 찍기틀을 이용하여 화채에 띄울 배를 찍는다.

④ 모양 찍기틀로 찍은 배를 화채에 넣는다.

○ 화채를 수리취떡과 함께 간식으로 먹는다.

■ 각자 한 국자 떠서 그릇에 부으세요.

화채에 모양 찍기틀로 찍은 배 넣기

유의점

■ 화채용 물은 정수기 물이나 끓여서 식힌 다음 냉장고에 보관한 물을 사용한다.

관련활동

■ 사회 '단오' (48쪽 참고)

■ 과학 '창포물에 머리 감기' (52쪽 참고)

■ 조형 영역 '단오 부채 만들기' (54쪽 참고)

활동 **17** 창포물에 머리 감기

집단형태

소집단활동(4∼5명) **TIP 1**

활동유형

과학

활동자료

창포, 창포 삶은 물, 대야, 바가지, 수건, 책상, 비닐덮개, 의자

TIP 1 본 활동은 날씨가 좋을 때 실외활동으로 계획한다. 점심식사 후 마당 놀이와 병행하여 소집단으로 실시한다.

TIP 2 창포물은 창포의 잎사귀를 떼어내고 줄기만 솥에 넣어서 끓여 만든다.

TIP 3 창포물에 머리를 감을 때에는 유아의 머리카락 일부만 젖을 정도로 창포물을 부어 준다.

활동목표

■ 단오의 풍습을 체험한다.

■ 전통문화에 친숙해지고 관심을 갖는다.

활동방법

○ 단오의 풍습에 대한 이야기를 회상한다.

■ 옛날부터 우리나라 조상들은 단오가 되면 무엇을 한다고 했나요?

• 부채를 선물한다.

• 화채와 수리취떡을 만들어 먹는다.

• 창포물에 머리를 감는다.

■ 옛날 우리 조상들은 창포물에 머리를 감으면 머리카락이 잘 빠지지 않고, 윤기가 나며 흰머리가 나지 않는다고 믿었어요. 우리도 창포물에 머리를 감아 볼까요?

○ 삶은 창포와 창포물을 관찰한다.

■ 창포는 어떻게 생겼나요?

■ 창포물을 만들기 위해 창포를 물에 넣어 끓였어요. **TIP 2**

■ 창포를 삶았더니 창포가 어떻게 되었나요?

• 색깔이 변했다.

• 크기가 작아졌다.

• 흐물거리는 느낌이다.

■ 창포를 넣고 삶았더니 물의 색깔이 어떻게 되었나요?

■ 물에서 어떤 냄새가 나요?

○ 창포물에 머리를 감는다. **TIP 3**

■ 창포 물에 머리를 감아 봅시다.

■ 한 명씩 머리를 감을 거예요. 머리를 다 감은 사람은 수건으로 머리를 잘 말리세요.

○ 창포물에 머리를 감은 소감에 대해 이야기한다.

■ 창포물에 머리를 감아 보니 어떤 느낌이 들었나요?

창포물 살펴보기

창포물 살펴보기

창포물 냄새 맡기

창포물에 머리 감기

유의점

■ 마당 놀이와 병행하여 진행할 경우 초반에 머리를 감은 유아들은 마당 놀이를 하는 동안 자연스럽게 머리카락을 말릴 수 있다. 후반에 머리를 감게 되는 유아들의 경우 마당 놀이 이후 활동에 지장을 주지 않도록 드라이어로 머리카락을 말려 준다.

관련활동

■ 조형 영역 '단오 부채 만들기' (54쪽 참고)
■ 과학 '화채 만들기' (50쪽 참고)
■ 사회 '단오' (48쪽 참고)

집단형태

자유선택활동

활동유형

조형 영역

활동자료

실물 부채(접고 펼 수 있는 부채, 손잡이가 달린 부채), 도화지 또는 빳빳한 종이 (20X10cm), 색연필, 사인펜, 네임펜, 설압자, 셀로판테이프, 리본테이프(0.5~1cm)

방법 1의 순서도

활동목표

- 단오의 풍습을 체험한다.
- 전통문화에 친숙해지고 관심을 갖는다.

활동방법

○ 단오에 대해 이야기 나눈 내용을 회상한다.

- 며칠이 있으면 음력 5월 5일이 돼요. 이 날은 무슨 날인가요?
  - 단오
- 단오에는 여름을 시원하게 보내기 위해 사람들끼리 무엇을 선물했나요?
  - 부채
- 우리도 부채를 만들어 서로에게 선물할 거예요.

○ 부채에 대해 이야기 나눈다.

- 부채를 사용해 본 적 있나요? 부채는 언제 필요한가요?
  - 날씨가 더울 때 부채를 부치면 바람이 만들어져 시원하다.
- 부채는 어떻게 생겼나요?
  - 접혀 있는 막대기 모양 부채를 펴면 반원 모양의 부채가 된다.
  - 빳빳하고 넓은 판에 막대기를 붙이면 손잡이가 달린 부채가 된다.
- 우리는 이 중에서 접고 펼칠 수 있는(넓은 판에 손잡이가 달린) 볼 거예요.

○ 부채 만드는 방법을 소개한다.

| 방법 1-접고 펼 수 있는 부채 |

- 접고 펼 수 있는 부채를 만들어 봅시다.
- 도화지 한쪽 면에 그림을 그리세요.
- 그림을 다 그린 도화지를 앞으로 접었다가 뒤로 접
  - 그림을 다 그린 도화지를 2cm 간격으로 앞으로
- 다 접은 종이의 가운데를 리본테이프로 묶어 선생님의 도움을 받으세요.
- 접은 종이를 반으로 접어 마주치는 면에
- 반대 방향으로 접어 마주치는 면에 설

접고 펼 수 있는 부채

| 방법 2—넓은 판에 손잡이를 단 부채 |

- 부채를 만들 때 필요한 준비물을 살펴봅시다.
  - 부채 모양의 빳빳한 한지 2장 **TIP 1**, 대나무 살
- 부채 모양 한지 2장에 붓펜으로 그림을 그려 봅시다.
- 대나무 살 3개를 부채모양으로 엇갈려 넓게 펼쳐 놓아 보세요. (엇갈리는 지점을 손으로 가리키며) 종이테이프로 여러 번 묶어 고정해 봅시다. **TIP 2**
- 한지 사이에 대나무 살을 넣고 붙이세요.

넓은 판에 막대기 손잡이가 있는 부채

TIP 1 시중에서 판매하는 한지 부채를 구입하여 그 위에 붓펜, 물감 등으로 그림을 그려 만들 수도 있다.

TIP 2 엇갈린 지점 아래는 부채의 손잡이가 되므로, 대나무 살의 길이와 각도를 유아들이 손에 쥘 수 있을 정도로 벌려 고정한다.

○ 만든 부채를 서로 선물한다.
- 부채로 얼굴을 부쳐 보세요. 어떤 느낌인가요?
- 부채를 친구에게 선물할 텐데 누구에게 선물할지 정해 봅시다.
  - 옆 자리에 앉은 사람과 부채를 바꾼다.
  - 제비를 뽑는다.
- 선물할 친구를 정했나요? 누가 만들어 선물했는지 알 수 있도록 만든 사람 이름을 쓰고 전해 주세요.

사전활동

- 단오 부채 만들기 활동을 하기 전에 단오의 풍습에 대해 이야기 나누는 활동을 실시한다. 이를 통해, 유아들이 단오를 맞이하여 왜 부채를 서로에게 선물하게 되었는지 단오 부채의 유래에 대해 알도록 한다.

관련활동

- 사회 '단오' (48쪽 참고)
- 과학 '화채 만들기' (50쪽 참고)
- 과학 '창포물에 머리 감기' (52쪽 참고)

실로폰 연주하기

집단형태

자유선택활동

활동유형

음률 영역

활동자료

색깔 막대판, 색깔 막대 **TIP 1**,
공명 실로폰 **TIP 2**, 연주 막대

'실로폰 연주하기' 활동자료

TIP 1 색깔 막대의 색깔은 각
공명 실로폰에 부착한 스티커의
색깔과 같게 한다.

TIP 2 공명 실로폰처럼 음판
을 분리하여 연주할 수 있는 메탈
실로폰, 우드 실로폰, 핸드벨 등을
내어주어도 좋다.

색깔 막대 구성하고 실로폰 연주하기

활동목표

- 공명 실로폰의 소리를 감상한다.
- 조화로운 소리를 만들며 실로폰을 연주한다.

활동방법

○ 공명 실로폰에 대해 탐색한다.

- 이것은 무슨 악기인가요? 어떻게 생겼나요?
  - 실로폰
  - 실로폰 조각(음판)이 연결되어 있지 않고 하나씩 떨어져 있다.
  - 실로폰 조각(음판)마다 길이가 다르다.
- 실로폰의 소리를 들어보세요. 소리가 어떤가요?
  - 소리가 은은하게 퍼진다.
- 실로폰은 어떻게 소리가 날까요?
  - 실로폰 음판을 치면 실로폰 안쪽 구멍에서 소리가 울려 퍼진다.
- 이렇게 속이 빈 통을 막대로 쳐서 소리가 나도록 하는 실로폰을 '공명 실로폰'
  이라고 해요.
- 실로폰의 긴 음판을 쳐 보세요. 짧은 음판을 쳐 보세요. 소리가 어떻게 다른가
  요? 어떤 실로폰 소리가 더 높은가요?
  - 긴 음판보다 짧은 음판의 소리가 더 높다.

○ 공명 실로폰을 올바르게 연주하는 법에 대해 이야기한다.

- 공명 실로폰으로 아름다운 소리를 내려면 어떻게 해야 할까요?
  - 실로폰의 가운데 부분을 막대기로 살짝 친다.

○ 색깔 막대판과 색깔 막대를 소개한다.

- 색깔 막대판 위에 색깔 막대를 붙이고 그 색깔에 맞는 실로폰을 연주하세요.

○ 색깔 막대에 맞추어 실로폰을 연주한다.

유의점

- 유아들이 조화로운 소리를 낼 수 있도록 1도(도미솔) 혹은 4도(도파라) 화음에
  해당하는 음판 3~4개 정도를 내어준다. 유아들이 익숙하게 음을 구성하고 악
  기를 연주하게 되면 실로폰 음판의 개수를 늘린다.

활동 20 반대 개념 맞히기

활동목표

- 각 물체의 특성에 따른 반대 개념을 안다.
- 문장의 구성요소를 갖추어 이야기하는 능력을 기른다.

활동방법

○ 수학 · 조작 교구의 구성물을 살펴본다.
- 무엇이 있나요?
  - 그림카드, 그림카드를 놓을 수 있는 밑판이 있다.
- 밑판을 살펴봅시다. 무엇이 적혀 있나요?
  - 그림카드를 올려놓을 빈 칸이 2개 있다.
  - 빈 칸 아래에 글자가 적혀 있다.
- 그림카드에 어떤 그림이 있나요?
  - (예) 길 그림과 산 그림이 각각 2장씩 있다.
- 먼저 길 그림 2장을 살펴봅시다. 2장의 그림이 어떻게 다른가요?
  - 한쪽 길은 넓고, 한쪽 길은 좁다.
- 이번에는 산 그림 2장을 살펴봅시다. 2장의 그림이 어떻게 다른가요?
  - 한 산은 높이가 높고, 다른 산은 높이가 낮다.
○ 놀이방법을 이야기한다.
- 밑판에 적혀 있는 글자를 보고 알맞은 그림카드를 찾아 올려놓아 보세요.
- 어떤 그림이 그려져 있는지 이야기해 보세요.

유의점

- 한 가지 개념(예: 두껍다–얇다)에 초점을 맞추기 위해 다른 조건(예 : 길이, 무게, 수량 등)은 모두 동일한 것으로 제시한다.

집단형태
자유선택활동

활동유형
언어 영역

활동자료
반대 개념을 비교할 수 있는 그림

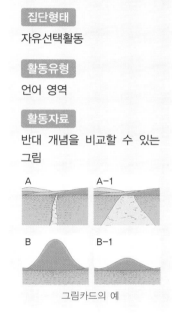

그림카드의 예

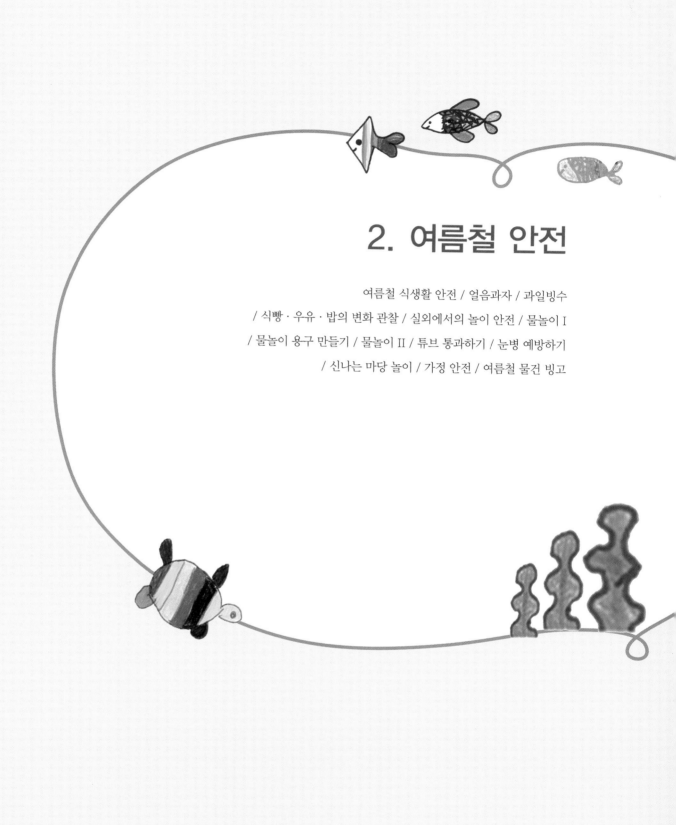

2. 여름철 안전

활 동 1 여름철 식생활 안전

집단형태
대집단활동

활동유형
이야기나누기

활동자료
손에 균이 묻어 있는 사진자료

활동목표

- 여름철 음식을 먹을 때 주의해야 할 점을 안다.
- 안전한 식습관을 기른다.

활동방법

○ 더운 여름철에 자주 먹는 음식에 대해 이야기를 나눈다.
- 여름에 날씨가 더워지면 어떤 음식을 많이 먹게 되나요?
  • 수박, 참외 등 여름 과일
  • 아이스크림, 음료수, 팥빙수 등 찬 음식
- ○○○반 어린이들이 좋아하는 여름 음식은 무엇인가요?

○ 찬 음식을 많이 먹을 경우 일어날 일에 대하여 이야기를 나눈다.
- 덥다고 찬 음식을 많이 먹으면 어떻게 될까요?
  • 머리가 아프다.
  • 감기에 걸린다.
  • 탈이 난다(배가 아프다, 설사를 한다, 입맛이 없어진다).
- 찬 음식을 많이 먹으면 위와 대장에서 음식을 소화시키지 못해요. 그래서 찬 음식을 알맞게 먹어야 해요.
- 어떻게 먹는 것이 알맞은 걸까요?
  • 아이스크림 1개, 음료수 1컵, 팥빙수 1그릇, 수박 1쪽 등

○ 식중독과 식중독을 예방하기 위해 주의해야 할 점에 대해 이야기 나눈다.
- 학교나 식당에서 많은 사람들이 음식을 잘못 먹고, 한꺼번에 식중독에 걸릴 수가 있어요.
- 식중독이란 무엇일까요?
  • 상한 음식 안에 들어 있는 세균들이 몸에 들어왔을 때 나타나는 증상을 말한다.
- 세균들이 어떻게 몸에 들어올까요?
  • 더러운 손으로 음식을 집어 먹는다.
  • 세균이 들어있는 음식을 먹는다.
- 식중독은 계절에 관계없이 걸릴 수 있으나 여름철에는 온도와 습도가 높아서 식중독을 일으키는 세균들(예: 살모넬라균, 대장균, 포도상구균, 비브리오균 등)이

활발하게 움직이므로 특히 조심해야 해요.

- 식중독에 걸리면 어떤 증상들이 나타날까요?
  - 열이 난다.
  - 머리가 아프다.
  - 배가 몹시 아프다.
  - 설사를 한다.
  - 음식물을 토한다.
  - 피부에 두드러기가 난다.
- 식중독에 걸리지 않으려면 어떻게 해야 할까요?
  - 음식을 먹기 전 손을 깨끗하게 씻는다. **ⓣIP**
  - 음식이 상하기 쉬운 계절이므로 냉장고에 보관해 둔다.
  - 음식을 끓여서 먹는다.
  - 음식을 익혀서 먹는다.
  - 물을 끓여서 먹는다.

유의점

- 식중독 예방을 위한 여러 가지 방법 중에서 유아들이 실천할 수 있는 내용을 중심으로 이야기 나누고, 활동을 마친 후에도 생활 속에서 실천할 수 있도록 지속적으로 지도한다.

관련활동

- 과학 '식빵·우유·밥의 변화 관찰' (66쪽 참고)
- 노래 '얼음과자' (62쪽 참고)

여름철 안전

ⓣIP 손에 균이 묻어 있는 사진을 보여 준다.

얼음과자

집단형태
대집단활동

활동유형
노래

활동자료
노래자료, 게시판

활동목표

■ 여름을 시원하고 즐겁게 보내는 방법을 안다.

■ 안전한 식습관을 기른다.

■ 여름철 위생에 유의하여 건강한 생활을 한다.

활동방법

○ 교사가 노래를 들려준다.

■ 선생님이 노래를 하나 들려줄 거예요. 노래에 어떤 이야기가 담겨 있는지 잘 들어보세요.

○ 게시판에 자료를 붙이며 노랫말을 소개한다.

■ 노래 속에 어떤 이야기가 담겨 있었나요?

■ '얼음과자' 라는 말을 들어본 적 있나요?

■ 설탕물에 우유나 과일즙을 넣어 얼려서 만든 것을 '얼음과자' 라고 불러요.

■ ○○○반 어린이들도 날씨가 덥고 맛이 있다고 얼음과자를 많이 먹어 본 적이 있나요? 많이 먹은 후에 몸이 어땠나요?

■ 이 노래 속의 아이도 얼음과자가 맛이 있다고 많이 먹었더니 이가 시리고 배탈이 나서 병원에 갔다고 해요.

■ 이 노래의 지은이는 왜 엄마 이마에 주름이 간다고 했을까요?

• 걱정이 많아져서

• 속이 상해서

• 배탈이 나면 돌보아주느라 힘이 들어서

○ 교사가 노래를 다시 한 번 들려준다.

○ 교사와 유아가 노랫말을 나누어 부른다.

○ 모두 함께 부른다.

관련활동

■ 이야기나누기 '여름철 식생활 안전' (60쪽 참고)

얼음과자

작사 박경종
작곡 정혜옥

어 어 얼 음 과 자 맛 이 있 다 고

한 개 두 개 먹 으 면 이 가 시 려 워

어 어 얼 음 과 자 맛 이 있 다 고

세 개 네 개 먹 으 면 배 가 아 파 요

배 가 배 가 아 파 서 병 원 에 가 면

우 리 엄 마 이 마 에 주 름 이 가 요

활 동 3 과일빙수

집단형태

집단형태

소집단활동(약 10명)

활동유형

과학

활동자료

- 기구(10인 기준): 빙수기 1대, 계량컵 1개, 스쿱 1개, 요리용 접시 10개, 요리용 칼 10개, 재료 담을 그릇
- 재료(10인 기준): 얼음(4X4cm 30조각), 우유250mL, 아이스크림 10스쿱, 딸기, 키위, 수박 **T**IP 1 , 팥 삶은 것
- 기타: 요리 순서도, 요리용 작업보, 요리용 작업복, 유아용 위생장갑

TIP 1 계절과 기호에 따라 다양한 과일 재료를 준비하여 요리에 활용한다.

활동목표

- 여름을 시원하고 즐겁게 보내는 방법을 알고 실천한다.
- 음식조리용 도구와 기계의 사용방법을 알고 활용한다.

활동방법

l 사전 활동 – 활동에 필요한 재료 준비하기 l

○ 활동을 하기 전 날 유아들과 함께 요리 순서도를 보며 빙수를 만들 때 필요한 재료를 준비한다.

- 내일 간식으로 빙수를 만들어 먹을 거예요. 어떤 준비물이 필요한가요?
  - 얼음, 팥 등
- 얼음을 어떻게 만들까요?
  - 얼음 통에 물을 붓고 냉동실에 넣는다.
- 얼음 통에 부은 물이 어떻게 변할까요?
  - 딱딱한 얼음이 된다.
- (팥을 보여 주며) 팥을 삶은 뒤에 설탕을 넣고 조려서 준비할 거예요. 오늘 방안놀이 시간에 ○○○반 어린이들이 팥을 물에 담가 두면 내일 아침 아주머니께서 팥을 삶아 달콤하게 조려 주실 거예요.
- 빙수를 만들 때 과일도 넣을 거예요. 어떤 과일을 넣고 싶나요?
- ○○을 ○○○반 어린이들이 다 넣어 먹으려면 얼마나 필요할까요?

l 본 활동 – 빙수 만들기 l

○ 방안놀이 시간에 소집단으로 활동을 실시한다. 활동 순서가 되면 유아들이 손을 씻은 후 요리용 작업복을 입고 책상에 앉도록 한다. 유아들에게 요리용 접시, 요리용 칼을 나누어 주고 위생장갑을 끼도록 한다.

○ 요리 재료를 살펴본다.

- 어제 우리가 준비한 재료들을 살펴봅시다.
- 먼저 얼음이 어떻게 되었는지 살펴봅시다. 얼음 통에 부었던 물이 어떻게 되었나요?
  - 얼었다.
  - 단단해졌다, 딱딱해졌다.

• 조금 부풀었다.

■ 어제 ○○○반 어린이들이 골라서 물에 담가 두었던 팥을 아주머니께서 삶아 주셨어요. 팥이 어떻게 되었나요? 팥의 색깔은 어떤가요?

• 물렁물렁해졌다.

• 색이 더 연해진 것 같다.

○ 요리 순서에 따라 빙수를 만든다.

① 과일을 자른다.

■ 어제 ○○○반 어린이들이 이야기한 과일을 준비했어요. 딸기, 키위, 수박을 잘라보세요. 다 자른 사람은 자기 그릇에 담으세요. **T**IP 2

② 얼음을 빙수 기계에 넣고 간다.

■ 한사람이 얼음 3조각을 기계에 넣어 봅시다.

■ 얼음이 어떻게 되나요? 어떻게 얼음이 가루로 변할까요?

• 기계 안에 있는 칼이 돌아가면서 얼음을 잘게 부순다.

③ 우유를 붓는다.

■ 계량컵의 빨간 선까지 우유를 따르고 그릇에 부어 봅시다. **T**IP 3

④ 아이스크림과 팥, 과일을 얹는다.

■ 아이스크림을 한 스쿱씩 떠서 빙수 위에 얹어 보세요.

■ 팥과 과일도 얹어 봅시다.

○ 요리한 과일빙수를 간식으로 먹는다.

■ 요리를 다 한 사람은 작업복을 벗어서 정리하세요.

■ 그릇을 접시에 담아 ○○ 영역 책상으로 가서 간식을 먹기 시작하세요.

관련활동

■ 노래 '얼음과자' (62쪽 참고)

■ 이야기나누기 '여름철 식생활 안전' (60쪽 참고)

TIP 2 과일을 손질할 때 한 사람이 모든 과일을 조금씩 다듬을 수도 있고, 각자 역할을 나누어 맡은 과일을 다듬을 수 있다. 본 활동에 제시된 과일의 경우 1인당 딸기 1개, 키위 1/4개, 수박 1덩어리가 적당하다.

과일 자르기

얼음 갈기

TIP 3 계량컵의 25mL 부분에 빨간 선으로 표시를 해두어 유아들이 잘 알아볼 수 있도록 한다.

활동 4 식빵 · 우유 · 밥의 변화 관찰

집단형태

소집단활동

활동유형

과학

활동자료

식빵 2쪽, 우유, 밥, 접시 4개, 컵 1개, 물뿌리개, 돋보기, 관찰기록지

'식빵 · 우유 · 밥의 변화 관찰' 환경 구성

부패 실험 관찰하기

TIP 밥이나 물을 뿌린 식빵에 랩을 씌워 수분이 증발하지 않게 하면 변화를 쉽게 관찰할 수 있다

활동목표

- 곰팡이가 피는 이유를 안다.
- 곰팡이가 피지 않게 하는 방법을 알고 실천한다.

활동방법

○ 활동자료를 살펴보며 이야기를 나눈다.

- 여기에 무엇이 있나요?
  - 식빵, 우유, 밥, 물
- 선생님이 ○○○반 어린이들과 음식으로 실험을 하려고 가지고 왔어요.

○ 유아들에게 마른 식빵, 물 뿌린 식빵, 우유와 밥을 교실에 계속 둔다면 어떤 일이 생길지 예측해 보게 한다.

- 식빵 · 우유 · 밥을 교실에 계속 둔다면 어떤 일이 일어날까요?

○ 식빵 · 우유 · 밥을 매일 관찰하여 관찰기록지에 기록한다. **TIP**

- 매일 식빵 · 우유 · 밥의 냄새, 색깔, 모양 등이 어떻게 변하는지 관찰하고 관찰기록지에 기록하기로 해요.
- 곰팡이의 생김새를 자세히 보려면 무엇을 이용하는 것이 좋을까요?
  - 돋보기로 관찰한다.

○ 곰팡이가 핀 날 교사와 유아들이 함께 관찰한 후 이야기를 나눈다.

- 오늘 밥 · 우유 · 물 뿌린 식빵을 관찰한 어린이가 있나요? 물 뿌린 식빵은 어떻게 되었나요?
  - 색이 변했다.
  - 까만 점과 함께 털이 생겼다.
- 우리가 본 것처럼 음식에 생긴 푸른 점(털)들을 곰팡이라고 해요.
- 왜 곰팡이가 피었을까요?
  - 날씨가 더워서
  - 먹을 영양분이 있어서
  - 수분이 있어서(축축해서)
- 곰팡이는 이렇게 어둡거나 공기가 잘 통하지 않아서 습한 곳에 잘 피어요. 햇볕이 내리쬐는 곳에서는 곰팡이가 피지 않아요.

■ 곰팡이가 난 음식을 먹으면 어떻게 될까요?
  • 배가 몹시 아프다.
  • 설사를 한다.
  • 음식물을 토한다.
  • 피부에 두드러기가 난다.
■ 곰팡이가 난 음식을 어떻게 해야 하나요?
  • 버려야 한다.
■ 여름철에는 덥고 습기가 많아서 곰팡이가 더 빨리 피고 음식이 자주 상할 수 있어요.
○ 곰팡이가 피지 않게 하기 위한 방법을 이야기한다.
■ 곰팡이가 피지 않게 하려면 어떻게 해야 할까요?
  • 음식을 냉장고에 보관한다.
  • 음식을 공기가 통하는 곳에 보관한다.
  • 음식의 양을 알맞게 만들어 다 먹고 남기지 않는다.
  • 젖은 물건은 햇볕에 잘 말린다.

관련활동
■ 이야기나누기 '여름철 식생활 안전' (60쪽 참고)

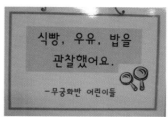

식빵, 우유, 밥을
관찰했어요.
-무궁화반 어린이들

식빵, 우유, 밥을 관찰해 보세요. 어떻게 변했나요?										
	월	일	월	일	월	일	월	일	월	일

관찰기록지

활동 5 실외에서의 놀이 안전

집단형태
대집단활동

활동유형
이야기나누기

활동자료
사진자료(수영장, 바다, 계곡, 자전거, 인라인스케이트, 안전모, 안전장구), 그림자료(위험한 곳에서 놀고 있는 아이들)

활동목표
- 실외에서 일어날 수 있는 안전사고의 종류와 원인을 안다.
- 실외에서 안전하게 놀이하는 태도를 갖는다.

활동방법

○ 여름방학 동안 할 수 있는 놀이에 대해 이야기 나눈다.
- 이제 곧 여름방학을 해요.
- 여름방학에 가고 싶은 곳이 있나요?
  • 수영장에 가고 싶다.
  • 바다에 가고 싶다.
  • 여행을 가고 싶다.
  • 놀이공원에 가고 싶다.
- 바깥으로 놀러 갈 때 조심해야 할 점에 대해서 알아봅시다.

○ 물놀이 장소에서 조심해야 할 점에 대해 이야기 나눈다.
- 물놀이를 하러 어디로 갈 수 있을까요?
  • 수영장, 바다, 계곡 등
- 물놀이를 할 때 조심해야 할 점이 있어요.
  • 수영은 함께 간 어른이 보는 곳에서만, 또한 안전한 지역에서만 한다.
  • 물에 들어가기 전에 준비운동을 한다.
  • 수영을 오랜 시간 동안 하지 않는다.
  • 혼자 물에 들어가지 않는다.
  • 음식을 먹은 직후에 물놀이를 하지 않는다.
  • 파도치는 곳에 어른과 간다.
  • 바닥에 날카로운 물건이 있을 수 있으므로 신발을 신는다.
  • 물살이 센 곳으로 가지 않는다.

○ 놀이 공원에서 조심해야 할 점에 대해 이야기 나눈다.
- 놀이 공원에 가서도 조심해야 할 점이 있어요.
  • 유치원 어린이들이 탈 수 있는 놀이 기구만 탄다.
  • 안전요원의 지시를 잘 듣고 따른다.

- 놀이 공원이 넓고 사람들이 많아 혼자 다니면 가족을 잃어버릴 수 있<u>으므로</u> 꼭 가족들과 함께 다닌다.

○ 바퀴 달린 놀이기구를 탈 때 조심해야 할 점에 대해 이야기 나눈다.

- 바퀴 달린 놀이기구(예: 인라인스케이트, 자전거 등)를 타 본 적이 있나요?
- 바퀴 달린 놀이기구를 타기 위해 어떤 준비를 했나요? 어디에서 탔나요?
- 바퀴 달린 놀이기구를 안전하게 타려면 어떻게 해야 할까요?
  - 안전모, 안전 장구(무릎, 팔)를 하고서 탄다.
  - 차가 다니지 않는 곳에서 탄다.
  - 밝고 환할 때 탄다.

○ 놀이하기 위험한 곳에 대해 이야기 나눈다.

- (위험한 장소에서 놀이하는 그림을 보며) 아이들이 놀고 있는 곳이 어디인가요?
  - 건물을 짓고 있는 공사장 주변, 계단, 난간 등
- 공사장 주변에서 놀면 어떤 일이 생길 수 있을까요?
  - 공사에 사용하기 위해 건물 높은 곳에 올려 두었던 물건들이 아래로 떨어질 수 있다.
  - 공사에 사용하는 물건은 어린이들이 만지면 위험한 것들이 많다.
- 계단에서 놀이하면 어떤 일이 생길 수 있을까요?
  - 발을 헛디뎌서 아래로 굴러 크게 다칠 수 있다.
- 난간에서 놀이하면 어떤 일이 생길 수 있을까요?
  - 난간에 기대거나 흔들면 난간 아래로 떨어질 수 있다.

○ 실외에서 놀이할 때 지켜야 할 안전 수칙을 그림과 글로 표현한 다음 벽면에 게시한다.

관련활동

- 이야기나누기 '가정 안전' (85쪽 참고)
- 이야기나누기 '물놀이 II' (74쪽 참고)

활동 6 물놀이 Ⅰ

집단형태

자유선택활동

활동유형

실외 영역

활동자료

물놀이용 수조, 물놀이 도구
(예: 구멍을 뚫은 페트병
TIP 1, 플라스틱 그릇, 깔
때기, 고무호스, 스포이드, 주
사기 등), 방수 작업복, 수건

물놀이 수조

방수 작업복

물놀이 용구

TIP 1 페트병에 전동 드릴로
다양한 크기의 구멍을 여러 위치
에 뚫어 유아들이 구멍의 크기와
위치에 따라 물이 떨어지는 모습
을 탐색할 수 있도록 한다.

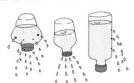

페트병으로 만든 물놀이 용구

활동목표

- 여름을 시원하고 즐겁게 보내는 방법을 알고 실천한다.
- 다양한 도구를 활용하여 물의 성질을 탐구한다.

활동방법

| 물놀이 영역 및 물놀이 도구 소개하기 | TIP 2

○ 마당 놀이를 하러 나가기 전, 교실에 모여 앉아 마당의 물놀이 영역에 대해 소개한다.

- 날씨가 더워져서 시원하게 물놀이를 할 수 있도록 마당에 물놀이 영역을 준비
  했어요. 물놀이를 하고 싶은 사람은 작업복을 입고 물놀이를 하세요.

○ 물놀이를 희망하는 유아들이 마당의 물놀이 영역에 모인다.

- 무엇이 있나요?
  - 수조, 깔때기, 스포이드, 고무호스, 페트병, 주사기 등
- 어떻게 사용하는 것일까요?

○ 활동방법을 소개한다.

- 먼저 옷이 물에 젖지 않도록 작업복을 입으세요. 그리고 원하는 놀잇감을 골라
  물놀이용 수조에 가져가 놀이하세요.
- 물놀이를 마친 사람은 도구를 정리하고, 입었던 작업복을 벗어 옷걸이에 바르
  게 걸어 놓으세요.
- 정리를 한 뒤 수돗가에서 비누로 손을 씻고 수건으로 물기를 닦으세요.

○ 물놀이를 할 때 유의할 점에 대해 이야기를 나눈다.

- 물놀이를 할 때에는 어떤 점을 주의해야 할까요?
  - 다른 사람에게 물이 튀지 않도록 조심한다.

| 물놀이하기 |

○ 물놀이를 할 유아들과 물놀이용 수조 근처로 모인다.

○ 유아들과 물과 도구의 특성 및 관계에 대해 이야기를 나눈다. **TIP 3**

- 같은 양의 물을 담았을 때 구멍의 크기가 큰 통과 구멍의 크기가 작은 통 중 어
  느 쪽 물이 빨리 없어질까요?
- 구멍의 수가 많은 통과 구멍의 수가 적은 통 중 어느 쪽 물이 빨리 없어질까요?
- 구멍이 위쪽에 뚫린 통에서 물이 떨어지는 모양은 어떤가요? 아래쪽에 뚫린 통

에서 물이 떨어지는 모양은 어떤가요?

○ 물놀이가 끝난 다음에는 도구와 작업복을 정리하고 손을 씻는다.

유의점

■ 유아들이 물놀이용 도구를 입에 대거나 물을 마시는 일이 없도록 지도한다. 또한 유아들이 귀가한 후 물놀이용 수조를 깨끗이 닦고 수조에 담긴 물은 매일 교체하여 청결과 위생을 관리한다.

관련활동

■ 과학 영역 '물놀이 용구 만들기' (72쪽 참고)

TIP 2 마당 놀이를 시작하기 전에 물놀이 방법, 물놀이 시 주의해야 할 점 등에 대해 미리 이야기를 나눈다.

TIP 3 유아들이 물놀이 용구의 특성(예: 용구의 모양과 크기, 구멍의 개수와 크기 등)에 따라 물이 떨어지는 모습을 비교하고 다양한 방법으로 실험해 볼 수 있도록 지도한다.

물놀이를 하는 유아들의 모습

활동 7 물놀이 용구 만들기

집단형태

자유선택활동

활동유형

과학 영역

활동자료

플라스틱통(예: 요구르트병, 우유병, 샴푸통 등) 🅣IP 1, 송곳, 호스, 칼, 네임펜

🅣IP 1 투명한 재활용품(예: 음료수병, 우유병 등)을 사용하면 유아들이 통 속의 물 움직임을 볼 수 있어서 더욱 효과적이다.

🅣IP 2 빈 병의 위, 아래, 옆 등 다양한 위치에 동일한 크기의 구멍을 뚫거나, 동일한 위치에 크고 작은 구멍을 뚫는다. 이를 통해 유아들이 구멍의 크기와 위치에 따라 물이 나오는 모습이 다름을 알 수 있도록 한다.

🅣IP 3 유아의 송곳 사용은 안전사고의 위험이 있으므로 유아들이 페트병에 구멍 뚫을 곳의 위치를 표시하면 교사가 송곳으로 뚫어주도록 한다. 송곳으로 구멍을 뚫은 후 사포로 문질러 거칠어진 안쪽 면을 부드럽게 만든다.

활동목표

- 여름을 시원하고 즐겁게 보내는 방법을 알고 실천한다.
- 주변에서 쉽게 볼 수 있는 물건을 물놀이에 활용한다.

활동방법

○ 물놀이 경험에 대해 이야기 나누고 활동을 소개한다.
- 물놀이를 해본 적 있나요? 어떻게 했나요?
- 물놀이를 할 때 무엇을 가지고 놀았나요?
- 물놀이를 할 때 필요한 물건을 만들어 볼 거예요.

○ 재료를 살펴보며 물놀이 용구를 어떻게 만들지 의논한다.
- 물놀이 용구를 만들 재료를 살펴봅시다. 무엇이 있나요?
  • 요구르트병, 우유병, 물병, 호스, 송곳 등
- 이 재료로 어떤 놀잇감을 만들 수 있을까요?
  • 빈 병의 윗면을 잘라 내고 옆면에 구멍을 뚫는다. 물을 부으면 물이 구멍으로 새어나온다. 🅣IP 2

○ 물놀이 용구를 만든다.
- 어디에 구멍을 뚫고 싶나요?
- 구멍을 뚫고 싶은 곳에 네임펜으로 표시하세요.
- 표시한 곳에 선생님이 송곳으로 구멍을 뚫어 줄 거예요. 🅣IP 3
- 물을 넣어 봅시다. 물줄기가 나오나요?
- 물줄기를 세게 나오게 하려면 어떻게 해야 할까요?
  • 구멍을 더 크게 뚫는다.
- 구멍을 더 뚫고 싶은 곳이 있나요?
- 호스와 물통을 연결해 봅시다.
- 물을 어디로 넣을 수 있을까요?

○ 마당 놀이 시간에 물놀이 용구를 가지고 물놀이를 한다.
- 물이 구멍에서 나오는 모양이 어떤가요?
- 위에 있는 구멍에서 물이 나오는 모양과 아래에 있는 구멍에서 물이 나오는 모양이 어떤가요?

■ 물을 가득 담을 때와 조금만 담을 때 물이 나오는 모양이 어떤가요?

관련활동

■ 실외 영역 '물놀이 I' (70쪽 참고)

활동
8
물놀이 Ⅱ

집단형태

대집단활동

활동유형

이야기나누기

활동자료

- 개별 준비물: 유아의 이름을 쓴 속옷 또는 수영복, 수건, 비닐봉투 또는 가방
- 공동 준비물: 유아들이 물 속에 들어가 놀이할 수 있는 간이용 수영장, 긴 호스, 발판, 비닐봉투 등

'물놀이' 환경 구성

TIP 1 두 학급이 함께 마당 놀이 시간을 맞추어 한 교실은 여아 탈의실, 다른 한 교실은 남아 탈의실로 정하여 사용한다. 마당 놀이 시간을 맞추기 어려운 경우 교실 안에 가림판을 설치하거나 시차를 두어 남아와 여아가 따로 옷을 갈아입을 수 있도록 한다.

활동목표

- 여름을 시원하고 즐겁게 보내는 방법을 안다.
- 여름을 건강하고 안전하게 보내는 방법을 알고 실천한다.
- 물놀이 약속을 알고 지킨다.

활동방법

┃물놀이에 대한 이야기 나누기┃

○ 물놀이를 하기 전 날 유아들에게 물놀이 활동을 안내한다.

- 요즘 햇볕이 쨍쨍 내리쬐고 무더워서 내일은 유치원에서 물놀이를 할 거예요. 물놀이를 하려면 무엇이 필요한가요?
  - 수영복, 수건, 가방, 슬리퍼 등이 필요하다.
  - 자기 물건에 이름을 써서 유치원으로 가져온다.

○ 물놀이를 하러 마당에 나가기 전 물놀이에 대해 이야기한다. 이때 물놀이 준비물을 가지고 오지 않았으나 물놀이를 하고 싶어 하는 유아들의 경우 여벌옷이 있으면 물놀이를 하게 한다.

- 오늘 유치원에서 물놀이를 할 거예요. 물놀이에 필요한 준비물을 가져왔나요? 무엇을 가지고 왔나요?

○ 유치원에서 물놀이하는 방법을 소개한다.

- 여러 사람들이 즐겁고 안전하게 물놀이를 하려면 약속을 지키며 물놀이를 해야 해요. 물놀이를 어떻게 할 것인지 이야기해 줄게요. 잘 들어 보세요.
- 먼저 남자 어린이는 ○○○반에서, 여자 어린이는 △△△반에서 수영복을 갈아입어요. **TIP 1**
- 물놀이를 하기 전 준비 체조를 해야 해요. 준비 체조는 왜 하는 것일까요?
  - 물에 들어갔을 때 몸에 무리가 가지 않도록 몸을 준비시킨다.
- 준비 체조를 했더라도 갑자기 몸에 차가운 물이 닿으면 심장이 놀라 멈출 수 있기 때문에 심장에서 멀리 떨어진 손, 발부터 물을 묻힌 후에 물놀이를 해야 해요.
- 물놀이를 마친 후에는 어떻게 해야 할까요?
  - 선생님이 몸을 씻겨 주면 수건으로 몸을 닦고 자기 옷을 놓아둔 곳으로 가서 옷을 갈아입는다.

■ 물놀이를 하고 싶지 않거나 물놀이를 마친 사람은 마당에서 마당 놀이를 하면 돼요. ⓣIP 2

○ 안전한 물놀이를 위해 주의해야 할 점에 대해 이야기를 한다.

■ 안전하게 물놀이를 하기 위해서 꼭 지켜야 할 약속이 있어요. 어떤 약속을 지켜야 할까요?

• 물 때문에 바닥이 미끄러워 넘어질 수 있으므로 걸어다닌다.

• 뒤로 넘어갈 수 있으므로 간이용 수영장(비닐로 된 풀)의 턱에 걸터앉지 않는다.

|물놀이하기|

○ 수영복으로 갈아입는다.

■ 어디에서 수영복을 갈아입을까요?

• 남자 어린이들은 ○○○반 교실에서, 여자 어린이들은 △△△반 교실에서 갈아입는다. ⓣIP 1

■ 갈아입은 옷은 어떻게 해야 할까요?

• 가방에 담아 책상 위(바닥 혹은 준비된 바구니)에 잘 놓는다.

• 물놀이 후 바로 몸의 물기를 닦을 수 있도록 수건을 꺼내 가방 위에 놓아둔다.

■ 옷을 다 갈아입은 사람은 선생님 앞에 줄을 서세요. ⓣIP 3

○ 마당에서 준비 체조를 하고 물로 몸을 적신 후에 물놀이를 한다. 교사는 유아들이 안전하게 물놀이를 할 수 있도록 지도한다.

○ 물놀이가 끝나면 몸을 닦고 옷을 갈아입는다. ⓣIP 4

■ 물놀이를 마친 후에는 무엇을 해야 할까요?

• 물놀이를 마치고 싶은 유아들은 수돗가에 설치해 놓은 샤워장으로 가서 몸을 씻는다.

• 정해진 탈의 장소로 가서 개인 수건으로 머리와 얼굴, 몸을 닦고 옷을 갈아입는다.

• 젖은 수영복은 수건과 함께 비닐봉투나 가방에 담아서 귀가 시 집에 가져간다.

유의점

■ 7월 생활예정안에서 날씨가 통상 30℃를 넘는 날 마당에서 물놀이를 실시함을 알리고 필요한 준비물(예: 수영복, 수건, 여벌옷 등)에 이름을 써서 비닐 주머니나 가방에 담아 보내 줄 것을 부모님께 알린다.

■ 물놀이를 하는 날 아침에 교사는 물놀이의 준비상황을 점검한다.

• 유치원 마당 바닥에 돌멩이나 뾰족한 물건에 발을 다치는 일이 없도록 점검한다.

• 유치원 마당에 물이 잘 빠지면서도 미끄럼이 방지되는 깔개를 깔고 그 위에 간이용 수영장을 놓는다. 물은 아침에 미리 받아 두어 적당한 온도를 유지하도록 한다.

ⓣIP 2 물놀이를 실시하기 전날 교사는 미리 부모님(보호자)과의 정보 교환을 통해 개별 유아의 물놀이 참여에 대한 의견을 파악하는 것이 필요하다. 또한 물놀이에 참여하고 싶지만 물놀이에 필요한 물건을 가져오지 못한 유아들이 속상해 하지 않도록 배려해야 한다.

ⓣIP 3 옷 갈아입기, 샤워하기 등 성인의 도움이 많이 필요하므로 사전에 부모님께 연락을 드려 도움을 청한다.

ⓣIP 4 장소가 혼잡하지 않도록 시차를 두어 유아들이 몸을 닦고 옷을 갈아입도록 한다.

준비운동하기

물놀이하기

- 물놀이를 하기 직전에 스프링클러와 호스가 수도꼭지에 잘 고정되어 있는지 점검한다.
- 물놀이 후 몸을 씻을 수 있도록 수돗가 근처에 샤워기를 이용하여 샤워장을 마련한다. 또한 몸을 씻고 몸에 수건을 두른 유아들이 교실로 곧장 갈 수 있도록 샤워장에서부터 교실 입구까지 미끄럼 방지 발판을 놓는다.

관련활동

- 실외 영역 '물놀이 I' (70쪽 참고)
- 수학 · 조작 영역 '여름철 물건 빙고' (87쪽 참고)
- 이야기나누기 '실외에서의 놀이 안전' (68쪽 참고)

활동 9 튜브 통과하기

활동목표

- 기구를 이용하여 몸을 움직이면서 대근육을 발달시킨다.
- 게임방법을 알고 규칙을 지키며 게임을 한다.
- 친구와 협력하는 태도를 기른다.

활동방법

○ 유아들이 양편으로 나누어 마주보고 앉는다. **TIP 1**

○ 양편의 수가 같은지 알아보고, 양편의 수가 다를 때는 양편의 수를 같게 하는 방법을 유아들과 의논한다.

○ 게임자료를 보며 게임방법을 소개한다.
- 양편에서 짝끼리 나와 출발선에서 준비하고 있다가 선생님이 출발 신호를 하면 짝과 손을 잡고 첫 번째 튜브가 있는 곳까지 달려가세요.
- 한 명이 튜브를 세워 주면 다른 한 명이 튜브를 기어가서 통과하는 거예요. 누가 이 모습을 친구들에게 보여 줄 수 있을까요?
- 튜브를 통과한 후 다시 손을 잡고 두 번째 튜브가 있는 곳까지 달려가세요.
- 이번에는 서로 역할을 바꾸어 튜브를 통과했던 어린이가 튜브를 세워 주고, 튜브를 세워 줬던 어린이가 튜브를 통과하는 거예요.
- 튜브를 제자리에 두고 둘이서 손을 잡고 돌아와 뒷사람과 악수하세요. 마지막 사람들이 도착해서 선생님과 먼저 악수하는 편이 이기는 게임이에요.

○ 유아들과 함께 게임 준비물을 배치한다. **TIP 2**
- 게임할 때 필요한 것을 제자리에 놓아 봅시다.
- 양편에서 튜브를 빨간색 네모 안에 가져다 놓을 사람 손 드세요.
- 양편에서 튜브를 파란색 네모 안에 가져다 놓을 사람 손 드세요.

○ 교사와 유아 1명이 시범을 보고 유의점에 대해 이야기한다.
- 게임을 할 때 어떤 점을 조심했나요?
  • 튜브를 세워 줄 때는 튜브가 공중에 뜨지 않고 바닥에 닿도록 해서 짝이 되는 어린이가 통과하기 편하고 안전하게 해주었다.

○ 게임에 필요한 규칙을 정한다.
- 게임을 하기 위해서는 어떤 규칙이 필요할까요?

집단형태

대집단활동

활동유형

신체(게임)

활동자료

튜브 4개(크기가 똑같은 것), 튜브 자리 표시용 색 테이프 (빨간색, 파란색), 출발선

활동자료

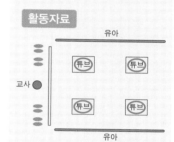

TIP 1 두 명의 유아가 짝이 되어 하는 게임이므로 짝이 될 유아들끼리 의자와 바닥에 나누어 앉아 자신의 짝이 누구인지 알도록 한다.

TIP 2 교사가 게임 준비를 미리 해둘 수도 있고, 유아들과 함께 준비할 수도 있다. 유아들과 함께 준비하는 경우 교사는 사전에 자료를 놓을 위치를 점검하여 표시해 둔다.

튜브 통과하기

• 사용한 튜브는 제자리(빨간색, 파란색 네모 안)에 두어야 한다.

○ 게임을 한다.

○ 평가를 한다.

　■ 누가 먼저 들어왔나요?

　■ ☆☆ 와 △△ 가 있는 ○○ 편이 이겼어요.

○ 응원 태도에 대해 이야기를 나눈다.

　■ 친구들이 게임할 때 바른 태도로 응원했는지 생각해 봅시다. 양편 모두 바른 태도로 열심히 응원했나요?

　■ 모두 함께 즐거운 마음으로 열심히 게임했다고 서로에게 박수 쳐 주세요.

○ 유아들이 원하면 두 번째 게임을 한다.

유의점

　■ 게임을 공평하게 하기 위해서 똑같은 크기의 튜브를 준비한다. 체격이 큰 유아를 배려하여 큰 튜브를 준비하는 것이 좋다.

관련활동

　■ 이야기나누기 '실외에서의 놀이 안전' (68쪽 참고)

　■ 이야기나누기 '물놀이 II' (74쪽 참고)

활동목표

- 여름철 유행하는 눈병의 증상을 안다.
- 눈병을 예방하는 방법을 알고 실행한다.
- 손 씻기의 중요성을 알고 바른 방법으로 손을 깨끗이 씻는다.

집단형태
대집단활동

활동유형
이야기나누기

활동방법

○ 유행성 눈병의 증상 및 원인에 대해 이야기를 한다.

- 눈병에 걸린 적 있나요? 눈병에 걸리면 눈이 어떻게 불편한가요?
  - 눈이 간지럽다.
  - 눈이 아프고 빨갛다.
  - 눈물이 자꾸 난다.
- 눈병은 왜 걸리는 걸까요?
  - 눈병 걸린 사람에게서 옮았다.
  - 면역력이 약해서이다.
- 눈병에 걸린 사람은 다른 사람에게 눈병을 옮기므로 병원에 가서 치료를 받고 다 나을 때까지 집에서 지내야 해요.

○ 유행성 눈병의 전염 경로에 대해 이야기를 나눈다.

- 눈병은 어떻게 해서 다른 사람으로부터 옮을까요?
  - 눈병에 걸린 사람이 만진 물건(장난감)을 통해서 옮는다.
  - 수영장의 물을 통해서 옮는다.

○ 눈병을 예방하는 방법에 대해 이야기를 나눈다.

- 눈병에 걸리지 않으려면 어떻게 해야 할까요?
  - 밖에서 놀고 집에 들어오거나 장난감 등의 물건을 만지고 난 후 손을 깨끗이 씻는다.
  - 눈병을 일으키는 세균이 묻어 있는 손으로 눈을 만지면 눈병에 걸리므로, 흐르는 수돗물에 손을 자주 씻는다.
  - 손으로 눈을 비비지 않는다. 손을 깨끗이 씻어도 눈병을 일으키는 세균이 남아 있을 수 있기 때문에 손으로 눈을 만지거나 비비지 않아야 한다.
  - 비누, 수건, 컵 등 자기 물건을 따로 두어 혼자 사용한다.

TIP '바르게 손 씻기 운동' 동영상을 유아들과 함께 보고 유아들이 바르게 손을 씻도록 지도한다. 범국민손씻기운동 홈페이지(www.handwasing.or.kr)를 방문하면 다양한 손 씻기 관련 자료를 제공받을 수 있다.

• 눈이 간지럽거나 아프면 교사, 어머니, 아버지, 할머니, 할아버지 등에게 빨리 이야기한다.

○ 손 씻기의 중요성을 다시 한 번 강조하며 바른 손 씻기 방법을 회상하고 유아들과 손 씻기를 시연한다. **TIP**

활 동 11 신나는 마당 놀이

집단형태
대집단활동

활동유형
동극

활동자료
동화자료(테이블 동화), 높이
가 낮은 책상

활동목표

■ 여름을 건강하고 안전하게 지내는 데 필요한 물건을 알고 사용한다.

■ 동화의 내용을 이해하고 극으로 표현한다.

활동방법

○ 동화를 듣고 난 뒤 동극을 할 것임을 알려 준다.

　■ 동화를 듣고 동극을 하는 데 필요한 사항을 당부한다.

　　• 어떤 등장인물이 나와서 어떤 말을 하는지 기억하면서 듣는다.

　　• 동극을 하기 위해서는 어떤 준비물과 무대가 필요한지 생각하면서 듣는다.

○ '신나는 마당 놀이' 테이블 동화를 들려준다.

○ 유아들과 함께 동화의 내용과 대사를 회상한다.

　■ 토순이가 밖에 나간 날의 날씨가 어땠나요?

　　• 햇볕이 쨍쨍 내리쬐었다.

　■ 토순이가 어떻게 되었나요?

　　• 볼이 빨개지고 따가워졌다.

　　• 머리가 뜨거워지고 어지러웠다.

　　• 몸에 힘이 빠졌다.

　■ 토순이를 본 다람쥐(강아지, 곰돌이)는 무엇이 필요하다고(어떻게 하자고) 했나요?

　　• 자외선 차단 크림을 바른다.

　　• 모자를 쓴다.

　　• 그늘에서 쉰다.

　■ 그럼 ○○○반 어린이들이 다람쥐(강아지, 곰돌이)가 되어서 말해 봅시다. 선
　　생님이 토순이가 되어 말할게요.

○ 동극 무대 꾸미기에 대해 의논하고 무대를 꾸민다.

　■ 동극에 어떤 곳이 필요할까요?

　　• 마당(놀이터), 그늘 등

　■ 마당(놀이터), 그늘은 어떻게 꾸밀까요?

　　• 교실에 있는 물건으로 만들거나 ○○ 영역을 활용한다.

○ 소품을 준비한다.

- 동극을 하려면 무엇이 필요할까요?
    - 자외선 차단 크림, 선글라스, 모자 등
- 무엇으로 준비할까요?
    - 역할 놀이 영역에 있는 물건을 이용한다.
- 동극을 할 때 각각 어느 역할을 맡았는지 알 수 있도록 하기 위해서는 무엇이 필요할까요?
    - 동극용 머리띠나 동물 이름이 적힌 목걸이

○ 동극의 배역을 정한다.

- (등장인물을 차례대로 이야기하며) 토순이 역할을 맡고 싶은 사람은 손을 드세요. 배역을 맡은 어린이들은 방안놀이 시간에 선생님과 함께 연습해 봅시다.

○ 배역을 맡은 유아들이 나와서 한 줄로 서서 자기소개를 한다.

- 동극을 할 사람들은 무대 가운데에 한 줄로 서세요. 왼쪽에 있는 사람부터 차례대로 자신이 맡은 역할과 이름을 말하세요.

○ 배역을 맡은 어린이들은 무대에서 자신의 자리를 찾아가 앉는다.

- 역할을 맡은 어린이들은 각자 정해진 장소에 가서 앉으세요.

○ 동극을 시작한다.

○ 동극이 끝난 후 인사를 하고, 관객들은 답례로 박수를 쳐 준다.

○ 유아들과 함께 감상한 점을 이야기하며 평가한다.

- 동극을 보며 재미있었던 점은 무엇인가요?
- 동극을 어떻게 하면 더 재미있게 할 수 있을까요?

○ 동극이 끝나면 무대와 소품을 유아들이 정리할 수 있도록 한다.

관련활동

- 이야기나누기 '실외에서의 놀이 안전' (68쪽 참고)

신나는 마당 놀이

따뜻한 햇볕이 내리쬐는 어느 날이었습니다. 토순이는 신나게 마당 놀이를 하고 있었습니다. 그런데 갑자기 코와 볼이 빨개졌습니다.

토순이　왜 이렇게 볼이 따가운 걸까?

그때 마침 자외선 차단 크림을 들고 있는 다람쥐가 지나가고 있었습니다.

다람쥐　왜 그래, 토순아? 어디 아프니?
토순이　응. 코와 볼이 따가워!
다람쥐　햇볕에 오래 있으면 살갗이 뜨거워져. 내가 자외선 차단 크림을 발라줄게. (자외선 차단 크림을 발라준다) 이제 조금 나아질 거야.

토순이　고마워, 이제 괜찮아질 것 같아.
다람쥐　다행이다. 안녕.

그리고 다람쥐는 다른 곳으로 놀러갔습니다.

자외선 차단 크림을 바른 토순이는 하늘에서 나는 새소리에 고개를 들어서 하늘을 봤습니다. 그러자 눈이 너무 부셨습니다.

토순이　(눈을 만지며) 왜 이렇게 눈이 부신 걸까?

그때 마침 선글라스를 낀 강아지가 지나가고 있었습니다.

강아지　왜 그래, 토순아? 어디 아프니?
토순이　응. 하늘을 봤는데 눈이 너무 부셔.
강아지　해를 바로 보면 눈이 부셔. 내가 선글라스를 빌려줄게. (선글라스를 준다)
토순이　고마워, 이제 괜찮아질 것 같아.
강아지　다행이다. 안녕.

강아지도 다른 곳으로 갔습니다. 자외선 차단 크림을 바르고 선글라스를 낀 토순이는 신나게 뛰어 놀았습니다. 그런데 한참을 뛰어다니며 놀다보니 머리가 뜨거워졌습니다.

토순이　머리가 왜 이렇게 뜨겁지? 조금 어지러운 것 같아.

그때 마침 모자를 쓴 곰돌이가 지나가고 있었습니다.

곰돌이　왜 그래, 토순아? 어디 아프니?
토순이　응. 어지러워.

곰돌이　햇볕에 오래 나와 있으면 어지러울 수 있어. 내가 모자를 빌려줄게. (모자를 준다)

토순이　고마워, 이제 괜찮아질 것 같아.

곰돌이　다행이다. 안녕.

　곰돌이도 다른 곳으로 갔습니다. 모자를 쓰고 자외선 차단 크림을 바르고 선글라스를 낀 토순이는 신나게 뛰어다니며 놀다 이번에는 점점 힘이 들었습니다.

토순이　왜 이렇게 힘이 들지?

　그때 마침 토순이 옆을 곰돌이, 다람쥐, 강아지가 지나가고 있었습니다.

다람쥐　왜 그래, 토순아? 어디 아프니?

토순이　오래 노니까 조금 힘이 들어.

강아지　그래. 햇볕에 오래 있으면 땀도 나고 힘이 들어.

곰돌이　그럼 우리 그늘에 가서 쉬자.

토순이　그래. 우리 같이 나무 그늘로 가자.

　토순이는 다람쥐, 강아지, 곰돌이와 함께 그늘로 가서 도란도란 이야기를 나누며 쉬었습니다.

활동 12 가정 안전

활동목표

■ 가정에서 일어날 수 있는 안전사고의 종류와 원인을 안다.
■ 가정에서 안전하게 생활한다.

활동방법

○ 가정에서 안전하게 지내는 방법에 대해 이야기를 나눈다.

■ 여름방학을 하면 유치원에 오지 않는 대신 집에서 지내는 시간이 많아져요. 집에서 안전하게 지내기 위한 방법을 알아봅시다.

■ (집의 내부 사진을 보며) 이곳은 어디인가요?

• 주방, 거실 및 베란다, 목욕탕(욕실)

① 주방

■ 주방에서는 어떤 점을 조심해야 할까요? 조심하지 않으면 어떤 일이 일어날 수 있을까요?

• 칼을 만지지 않는다. 칼은 날카로우므로 다칠 수 있다.

• 가스레인지, 전자레인지, 오븐 등을 사용할 때 뜨거운 열이 나오므로 화상을 입을 수 있다.

• 프라이팬, 냄비 등을 함부로 만지지 않는다. 프라이팬이나 냄비 안에 뜨거운 음식이 들어 있으면 화상을 입을 수 있다.

• 전기 콘센트가 있는 기계(예: 전기밥솥, 토스터 등)의 전선을 만지거나 잡아당기기 않는다.

② 거실 및 베란다

■ 거실에는 전기를 쓰는 물건이 많이 있어요. 전기는 어떻게 들어오나요?

• 콘센트에 플러그를 꽂으면 전선을 통해 전기가 전달된다.

■ 전기를 쓰는 물건을 만질 때 조심해야 할 점이 있어요.

• 손에 물기가 있는 상태에서 전기 콘센트를 만지면 감전되므로 주의한다.

■ 날씨가 더우면 바람이 들어오도록 베란다 문과 창문을 열어두기도 해요. 베란다에서 조심해야 할 점은 무엇일까요?

• 베란다에는 어른들과 함께 나간다. 난간 위에 올라서다 떨어져 다칠 수 있으므로 조심한다.

③ 목욕탕(욕실)

■ 목욕탕(욕실)에서도 조심해야 할 점이 있어요.

• 목욕탕(욕실) 바닥에 물기가 있는 경우 미끄러져 다칠 수 있으므로 조심한다.

• 세제나 샴푸 등에서 생기는 거품은 우리 몸에 해로우므로 깨끗이 씻는다.

• 세탁기 안에 들어가지 않는다. 세탁조 밖으로 나오지 못하고 안에 갇힐 수 있다.

• 욕조 안에 물이 있는 경우 어른과 함께 들어간다. 욕조의 물에 빠질 수 있으므로 조심한다.

○ 각 장소에서 지켜야 할 안전 수칙을 글로 적어 그림과 함께 벽면에 게시한다.

유의점

■ 가정 안전 수칙을 실천하고 생활화할 수 있도록 지속적으로 지도한다. 가정에서도 안전 수칙을 숙지하고 지도할 수 있도록 가정통신문을 발송한다. 유아들이 가정에서 생활하면서 위험한 상황을 경험하거나 다른 안전사고 예방 수칙을 알아온 경우, 계획하기 시간에 다른 유아들에게 소개하고 해당 내용을 글로 적어 벽면 게시자료에 첨가하도록 한다.

관련활동

■ 이야기나누기 '실외에서의 놀이 안전' (68쪽 참고)
■ 이야기나누기 '여름철 식생활 안전' (60쪽 참고)

여름철 안전

활동목표

■ 여름철에 사용하는 물건의 종류와 쓰임새를 안다.

■ 사물의 형태를 변별한다.

활동방법

○ 수학 · 조작 교구를 살펴본다.

■ 바구니에 무엇이 있나요?

• 게임판, 그림 카드

■ 카드의 그림을 살펴보세요. 어떤 물건들이 그려져 있나요?

• 모자, 부채, 선풍기, 에어컨, 잠자리채, 자외선 차단제, 수영복, 튜브 등

■ 이 물건들은 어느 계절에 사용하나요?

• 여름철

○ 게임방법을 알아본다.

■ 이 게임은 세 명이 같이 할 수 있어요. 먼저 카드를 나누어 주는 역할을 하는 술래를 정해요.

■ 술래는 여름철 물건 카드를 잘 섞어 그림이 보이지 않도록 뒤집어 두세요.

■ 나머지 두 사람은 카드를 올려놓을 게임판과 카드를 덮을 문을 나누어 가져요.

■ 술래는 게임하는 두 사람에게 게임판에 있는 칸 수만큼 카드를 나누어 주세요.

■ 카드를 받은 사람들은 자기의 게임판에 카드를 차례대로 올려두세요.

■ 술래는 뒤집어 놓은 카드를 위에서부터 순서대로 한 장씩 뒤집으세요. 다른 사람들은 술래가 뒤집은 카드와 같은 그림 카드를 자기의 판에서 찾아요. 같은 카드가 자신의 판에 있으면 문을 닫아 카드가 보이지 않도록 해요.

■ 먼저 문을 다 닫은 사람이 이기는 게임이에요. 이긴 사람은 다음번에 술래가 되어 게임을 계속 할 수 있어요.

○ 게임을 한다.

집단형태

자유선택활동

활동유형

수학 · 조작 영역

활동자료

여름철 물건이 그려진 카드 3세트, 게임판 3개, 카드를 덮는 문

3. 여름철 동 · 식물의 모습

집단형태

대집단활동

활동유형

이야기나누기

활동자료

바다 생물 그림자료, 바다 속 풍경 그림자료, 게시판, 바다 생물에 대한 책

'바다 생물' 이야기나누기 자료

🅣IP 유아들이 바다 생물에 대해 이야기를 할 때 자료를 게시판에 붙이며 보충 설명을 해준다. 유아들이 다른 친구들에게 알려 주고 싶은 바다 생물에 대해 직접 조사하여 종이에 적어 오거나 집에서 책, 관련 자료 등을 가져와 친구들에게 보여 주며 설명하면 더욱 효과적이다.

활동목표

■ 바다 생물의 종류를 안다.
■ 바다 생물의 생활습성을 안다.

활동방법

○ 바다 생물에 대해 유아들과 함께 이야기 나눈다. 🅣IP
  ■ 바다에는 무엇이 살고 있을까?
    • 여러 종류의 물고기, 고래, 문어, 오징어, 새우, 바다거북
    • 해초(파래, 미역, 김)
    • 조개, 소라, 불가사리
    • 플랑크톤 등
  ■ ○○는 어떻게 생겼나요?
  ■ ○○는 바다의 어느 곳에 살까요? 깊은 바다 속에 살까요? 모래사장 근처 얕은 곳에 살까요?
  ■ ○○는 어떻게 움직이나요?
  ■ ○○는 무엇을 먹고 살까요?
    • 큰 물고기는 작은 물고기를 먹고, 작은 물고기는 더 작은 물고기나 해초, 플랑크톤을 먹는다.

확장활동

바다의 중요성 및 바다를 깨끗하게 보존하는 방법에 대해 이야기 나누는 확장활동을 실시한다. 다음은 이야기나누기 활동의 예이다.

○ 바다의 중요성에 대하여 이야기를 나눈다.
  ■ 만약 바다가 없다면 어떤 일이 일어날까요?
  ■ 우리에게 왜 바다가 필요할까요?
    • 바다에 있는 물고기들을 사람이 음식으로 먹을 수 있다(수산 자원 이용).
    • 바다에 있는 딱딱한 돌 등으로 여러 가지 물건을 만들 수 있다(광물질 이용).
○ 바다를 깨끗하게 보존할 수 있는 방법에 대해 이야기를 나눈다.
  ■ 우리에게 필요한 바다를 잘 보존하려면 어떻게 해야 할까요?

- 물고기, 해초 등이 잘 살 수 있도록 오염되지 않게 한다.
- 바다에 쓰레기를 버리면 안 된다.
- 합성세제(예: 물비누, 샴푸, 주방세제 등)를 너무 많이 쓰면 안 된다.
- 공장에는 바다 생물에게 해로운 물질이 바다로 흘러 들어가지 않도록 정화 시설을 반드시 마련해야 한다.
- 석유 같은 기름이 바다로 흘러 들어가지 않도록 하고, 만약 흘러 들어갔으면 빨리 제거해야 한다.
- 어린 물고기까지 잡으면 안 된다. 어린 물고기들이 자라, 알을 낳아서 물고기 수를 늘려 주기 때문이다.

관련활동

- 율동 '바다' (134쪽 참고)
- 동시 '내가 만약 바다에서 놀 수 있다면' (132쪽 참고)

여름철 동·식물의 모습

바다 생물에 대해 이야기나누기

유아가 조사해 온 자료의 예

활 동 2 소 라

집단형태

대집단활동

활동유형

노래

활동자료

소라, 노래자료, 게시판

'소라' 노래자료

ⓣIP 과학 영역에 소라를 제공
하여 유아들이 방안놀이 시간에
소라를 자유롭게 탐색하도록 한다.

활동목표

- 소라의 생김새와 특징을 안다.
- 소라에서 들리는 소리에 관심을 갖는다.

활동방법

○ 소라 사진을 보며 유아들의 생각을 듣는다. ⓣIP
  - 이것이 무엇일까요?
    - 소라
  - 소라는 어디에서 볼 수 있나요?
    - 바닷가에서 볼 수 있다.
    - 바닷가에서 주워 본 적이 있다.
○ 소라를 직접 만져 보고 귀에 대어 소리를 들어본다.
  - 만져 보니까 어떤 느낌이 드나요?
  - 귀에 대고 있으면 어떤 소리가 들리나요?
    - 물결 소리 같다.
    - 물새 소리 같다.
    - '솨~' 하는 소리가 들린다.
    - 파도 소리가 들린다.
○ 교사가 노래를 들려준다.
○ 노래를 들으며 느낀 점을 이야기 나눈다.
  - 노래를 들으니 어떤 생각이 드나요?
  - 어떤 모습이 생각나나요?
○ 교사와 유아가 함께 노래를 부른다.

관련활동

- 이야기나누기 '바다 생물' (90쪽 참고)
- 율동 '바다' (134쪽 참고)

악 보

소 라

작사 윤석중
작곡 이은화

바 다 에 서 주 워 온 소 라 껍 질 을

귀 에 다 가 만 히 대 고 있 으 면

들 려 요 들 려 요 물 ― 결 ― 소 리 가

들 려 요 들 려 요 물 ― 새 ― 소 리 가

여름철 동·식물의 모습

활 동 3 게걸음

집단형태
대집단활동

활동유형
신체(게임)

활동자료
반환점(나무 집짓기 또는 깃대를 꽂은 블록) 2개, 평가자료(게 그림)

활동목표

■ 게의 생김새와 움직임에 관심을 갖는다.

■ 게임방법을 알고 규칙을 지키며 게임을 한다.

■ 친구와 협력하는 태도를 기른다.

활동방법

○ 유아들이 두 편으로 나누어 마주 보고 앉는다.

○ 양편의 수가 같은지 확인한다.

○ 게임방법에 대해 이야기한다.

■ 2명이 서로 등을 맞댄 채 팔짱을 끼고 게처럼 옆으로 걸어 깃대를 돌아오는 게임을 할 거예요.

■ 깃대를 돌은 뒤에는 팔을 풀고 앞을 보며 둘이 같이 손을 잡고 뛰어오세요.

○ 원하는 유아 2명이 나와서 게임하는 방법을 보여 준다.

○ 게임을 할 때 유의점에 대해 이야기를 한다.

■ 게임을 할 때는 조심해야 할 점이 있어요.

• 두 사람이 팔을 끼고 가므로 넘어질 수 있다.

• 한 사람만 빨리 가면 다른 사람이 끌려가다가 넘어질 수 있다.

■ 어떻게 하면 게임을 안전하게 할 수 있을까요?

• 두 사람이 등을 맞대어 속도를 맞추며 걸어간다.

• 팔을 낀 채로 뛰어가지 않고 안전하게 빠른 걸음으로 걸어간다.

• 빨리 가려는 것보다 두 사람이 같이 마음을 맞추어 협력하는 것이 중요하다.

• '하나, 둘' 하고 숫자를 붙여 걸어가면 효과적이다.

○ 평가방법에 대해 이야기한다.

■ 반환점을 돌아 빨리 들어오는 편에게 게 그림을 붙여 줄 거예요. 모두 게임을 한 후에 게 그림이 많은 편이 이기는 거예요.

○ 게임을 한다.

○ 평가를 한다.

■ 게처럼 옆으로 잘 걸어서 깃대를 돌아왔나요?

■ 누가 먼저 들어왔나요?

- ☆☆ 와 △△ 가 있는 편에게 게 그림을 한 개 붙여 줄게요.
- 모두 게임을 했나요? 어느 편의 게 그림이 더 많은지 세어 봅시다.
- 어느 편의 게 그림이 더 많나요?
- 게 그림이 많은 ○○ 편이 이겼어요.

○ 응원 태도에 대해 평가한다.
- 친구들이 게임을 할 때 바른 태도로 응원했는지 생각해 봅시다. 양편 모두 바른 태도로 열심히 응원했나요?
- 모두 함께 즐거운 마음으로 열심히 게임했다고 서로에게 박수 쳐 주세요.

○ 유아들이 원하면 두 번째 게임을 한다.

유의점

- 두 명이 팔을 끼고 옆으로 걷는 게임이므로 안전에 각별히 유의한다. 유아들이 스스로 안전하게 게임하는 방법을 생각해 보고 움직임을 조절하도록 게임 시작 전 충분히 이야기를 나눈다.
- 출발 전 두 명의 유아가 팔을 끼고 준비하는 과정에 시간이 소요되고 교사의 도움이 필요하므로, 편 게임 형식으로 게임을 진행한다. 유아들이 게걸음에 익숙해지면 릴레이 게임 형식으로 진행할 수 있다.

'게걸음' 릴레이 게임하기

관련활동

- 이야기나누기 '바다 생물' (90쪽 참고)
- 율동 '바다' (134쪽 참고)

집단형태
대집단활동

활동유형
음악감상

활동자료
CD 플레이어, 슈베르트의 '숭어' 음악 CD ⓣIP 1 , 숭어 사진, 각 악기 사진(피아노, 바이올린, 비올라, 첼로, 콘트라베이스) 작곡자 사진 (슈베르트)

ⓣIP 1 슈베르트의 '숭어'는 총 5악장으로 구성되어 있다. 총 연주 시간이 길어 곡 전체를 듣기 힘들기 때문에 가장 널리 알려진 1악장을 듣는다.

활동목표
- 음악에서 숭어가 어떻게 표현되었는지 관심을 가진다.
- 음악을 들으며 심미감을 기른다.

활동방법
○ 음악을 들려준다.
- 어떤 동물이 움직이는 모습을 보며 만든 음악이 있어요. 어떤 동물일지 생각하면서 음악을 들어보세요.
○ 곡을 들은 느낌에 대해 이야기를 나눈다.
- 곡을 들으니 어떤 느낌이 들었나요?
- 어떤 동물을 표현한 것 같나요? 왜 그렇게 생각했나요?
○ 곡을 소개하며 곡에 표현된 숭어의 움직임에 대해 이야기를 나눈다.
- (숭어 사진을 보여 주며) 이 곡은 슈베르트라는 음악가가 물가에 사는 '숭어'라는 물고기가 놀고 있는 모습을 보며 만든 곡이에요.
- 숭어의 어떤 모습을 표현한 것 같나요?
- 맑은 물에서 숭어가 헤엄치며 노는 모습을 보고 이 곡을 만들었다고 해요.
- 숭어가 움직이는 모습을 생각하며 다시 한 번 들어보세요.
○ 다시 한 번 곡을 감상한다.
- 원래 이 곡은 노래를 부르기 위해 만들어진 곡(가곡)이었는데 이 노래를 들은 사람이 5가지 악기로 연주할 수 있는 음악으로 만들어 달라고 부탁해서 지금의 곡이 완성되었다고 해요.
○ 곡에 사용된 악기에 대해 살펴본다.
- 곡에 어떤 악기가 사용되었는지 잘 들어보세요.
- 어떤 악기 소리가 들렸나요?
- 이 곡은 피아노, 바이올린, 비올라, 첼로, 콘트라베이스로 연주되고 있어요.
- ○○ 소리가 나타난 부분을 다시 들어보자. ⓣIP 2

ⓣIP 2 각각의 악기가 특징적으로 표현된 부분을 짧게 들려주어 유아들이 악기 소리를 구분할 수 있도록 한다.

유의점

■ 곡에 대한 해석 및 곡에 사용된 악기들에 대해 이야기를 나눌 때에는 간단히 살펴보는 정도로 하여 유아들이 곡을 감상하는 데 더욱 집중하고 흥미를 느낄 수 있도록 한다.

관련활동

■ 이야기나누기 '바다 생물' (90쪽 참고)
■ 율동 '바다' (134쪽 참고)

활동 5 여름철 곤충

집단형태

대집단활동

활동유형

이야기나누기

활동자료

다양한 곤충 그림자료, 산이나 숲 풍경 그림자료, 게시판, 곤충에 대한 책이나 사진

TIP 유아들이 여름철 곤충에 대해 이야기를 할 때 관련된 자료를 게시판에 붙이며 보충 설명을 해준다. 유아들이 다른 친구들에게 알려 주고 싶은 곤충에 대해 직접 조사하여 종이에 적어 오거나 집에서 관련 자료 및 책 등을 가져와 친구들에게 보여 주며 설명하면 더욱 효과적이다.

유아가 가져온 자료를 보며
이야기나누기

유아가 조사해 온 자료의 예

활동목표

- 여름철 곤충의 종류를 안다.
- 여름철 곤충의 생활습성과 성장 과정에 관심을 갖는다.

활동방법

○ 여름철 곤충 중 매미에 대해 유아들과 함께 이야기 나눈다. **TIP**

- 어떤 곤충의 소리를 들려줄게요. 잘 들어보고 어떤 곤충 소리인지 맞춰 봅시다.
- 매미를 본 적 있나요? 어떻게 생겼나요?
- 매미는 어떻게 이런 소리를 낼까요?
  - 배에 있는 공기주머니(울음주머니)에 공기를 넣었다 빼면서 소리를 낸다.
  - 수컷만 울 수 있다.
- 매미는 무엇을 먹을까요?
  - 나무의 수액을 빨대 같은 관으로 빨아 먹고 산다.

○ 다양한 여름철 곤충의 종류와 특징에 대해 알아본다.

- 또 다른 여름철 곤충에 대해 알고 있나요?
  - 배추흰나비, 장수풍뎅이, 사슴벌레, 쇠똥구리 등
- ○○는 어떻게 생겼나요?
- ○○는 무엇을 먹을까요?
- ○○는 어디에 사나요?

○ 여름철 곤충의 한살이에 대하여 소개한다.

- 이러한 여름철 곤충은 언제 태어날까요?
  - 보통 늦여름, 가을에 어미 곤충이 알을 낳는다.
- 여름철 곤충은 어떻게 자랄까요?
  - 가을, 겨울이 지나고 봄 동안 알에서 깨어날 준비를 한다.
  - 봄, 초여름이 되면 알에서 나와 애벌레가 된다.
  - 몇 차례 모습을 바꾸어 애벌레에서 번데기가 된다(탈피).
  - 곤충(나비, 매미 등) 모양으로 변한다.
  - 알을 낳는다.

확장활동

나무와 풀의 중요성 및 보호방법에 대해 이야기 나누는 확장활동을 실시한다. 다음은 이야기나누기 활동의 예이다.

○ 나무와 풀의 중요성에 대하여 이야기를 나눈다.

- 곤충들은 무엇을 먹고 사나요?
- 만약 나무와 풀, 꽃이 없다면 어떤 일이 일어날까요?
  - 곤충들이 살 수 있는 곳이 없어진다. 곤충을 보지 못할 수 있다.
  - 나무와 풀은 곤충들뿐만 아니라 사람과 동물들이 먹을 수 있다. 만약 없어지면 음식이나 먹이가 부족하게 된다.
  - 나무와 풀은 안 좋은 공기를 삼키고 산소를 내보내서 사람과 동물, 곤충이 숨을 쉴 수 있게 해준다. 만약 없어지면 공기가 깨끗해지지 못한다.

○ 나무와 풀을 보호할 수 있는 방법에 대해 이야기를 나눈다.

- 우리에게 소중한 나무와 풀을 잘 보존하려면 어떻게 해야 할까요?
  - 쓰레기를 마구 버리지 않는다.
  - 숲이나 산에서 불장난하지 않는다.
  - 함부로 풀이나 꽃을 꺾거나 나무를 베지 않는다.
  - 종이, 휴지 등 나무로 만든 것들을 아껴 쓴다.

관련활동

- 수학 · 조작 영역 '장수풍뎅이의 한살이' (100쪽 참고)

활동 6 장수풍뎅이의 한살이

집단형태

자유선택활동

활동유형

수학 · 조작 영역

활동자료

장수풍뎅이 한살이 그림판
TIP 1, 장수풍뎅이 한살이
사진

'장수풍뎅이 한살이' 수학 · 조작 교구

TIP 1 장수풍뎅이의 성장과정
의 각 단계에 대한 설명을 번호와
함께 적어 둔다.

TIP 2 교실 내 다른 흥미 영
역에도 장수풍뎅이의 한살이에 관
련된 자료를 제시할 수 있다. 예를
들어 언어 영역에 장수풍뎅이의
한살이에 대한 내용이 담긴 관련
도서를 제공하거나 과학 영역에
장수풍뎅이의 한살이에 관한 사진
자료와 장수풍뎅이 허물을 제시할
수 있다.

활동목표

- 여름철 자주 볼 수 있는 동 · 식물의 종류를 안다.
- 장수풍뎅이의 한살이에 대하여 안다.

활동방법

○ 교구를 보며 게임방법을 설명한다.
- 이 곤충의 이름은 무엇인가요?
  - 장수풍뎅이
- 이 카드에 어떤 그림이 있나요?
  - 장수풍뎅이의 알, 애벌레, 번데기, 장수풍뎅이의 사진들이 있다.
- 장수풍뎅이가 알에서부터 성충으로 자라는 그림을 순서대로 놓아 보세요.
○ 카드를 순서대로 놓는다.
- 카드를 뒤집어 그림판의 번호와 카드의 번호가 같은지 확인해 보세요.
- 각각의 사진에 대한 설명이 그림판에 써 있으니 읽어 보세요. 글자를 읽는 데
  도움이 필요한 사람은 선생님께 부탁하세요.
○ 장수풍뎅이의 한살이에 대해 알아본다.
- 장수풍뎅이 암컷이 땅속에 들어가 알을 낳아요.
- 알에서 나온 이것은 무엇이라고 하나요?
  - 애벌레
- 애벌레는 번데기가 되기 위해 흙 속에 방을 만들어요.
- 애벌레가 번데기가 된 후 20일이 지나면 허물을 벗어요.
- 허물을 벗고 성충(어른벌레)이 되어요.
- 이렇게 알에서부터 애벌레, 번데기를 거쳐 성충이 되는 것을 '한살이'라고 해요.
- 장수풍뎅이의 한살이를 사진으로 다시 살펴봅시다. **TIP 2**

관련활동

- 이야기나누기 '여름철 곤충' (98쪽 참고)

활동 7 여름에 꽃이 피는 식물

활동목표

- 여름철에 꽃이 피는 식물의 종류와 특징을 안다.
- 여름에는 식물의 성장이 왕성함을 안다.

활동방법

○ 봄에 심었던 꽃씨(봉숭아, 분꽃, 채송화)의 성장에 대해 이야기 나눈다.

- (꽃씨 심는 사진을 보며) 무엇을 하고 있나요?
  - 꽃씨를 심고 있다.
- (꽃씨의 변화과정을 찍은 사진을 보며) 봄에 심었던 꽃씨가 어떻게 되었나요?
  - 싹이 나고 잎이 났다.
- 여름이 되어 우리가 봄에 심었던 꽃씨에서 꽃이 피었어요. 꽃이 어떻게 생겼나요? 무슨 색인가요?
  - 봉숭아: 앞쪽의 꽃잎은 양옆으로 벌어져 있고 뒤쪽의 꽃잎은 꿀주머니로 되어 있으며 아래로 구부러져 있다. 꽃의 색깔은 빨강, 분홍, 보라, 흰색 등으로 다양하다.
  - 분꽃: 꽃의 생김새는 깔때기 모양과 비슷하며 색깔은 흰색, 빨간색, 노란색 등이 있다. 해가 질 때쯤 꽃이 피었다가 아침이 되면 시들해진다.
- 왜 ○○라는 이름을 붙였을까요?
  - 봉숭아: 모양이 봉황을 닮았다고 해서 '봉숭아' 라고 부른다.
  - 분꽃: 꽃씨 속에 분가루가 들어 있다고 해서 '분꽃' 이라고 부른다.
- 꽃이 지면 어떻게 될까요?
  - 꽃이 진 자리에 열매가 열린다.
  - 봉숭아 열매: 끝이 뾰족한 모양으로 생겼으며 잔털이 나 있고 안에 갈색 꽃씨가 담겨 있다. 열매가 익으면 살짝만 건드려도 터져서 안에 있던 씨앗이 튀어나온다.
  - 분꽃 열매: 공 모양으로 둥글게 생겼으며 겉면에 주름이 많다. 처음에는 초록색이나 익으면 검은색으로 변한다.

○ 여름에 볼 수 있는 다양한 종류의 식물의 생김새를 관찰하고 특징을 이야기한다.

- 여름에 볼 수 있는 식물에는 어떤 것들이 있을까요?

집단형태
대집단활동

활동유형
이야기나누기

활동자료
꽃씨 심는 모습 사진, 꽃씨의 성장과정 사진, 여러 종류의 여름철 식물 사진

- 해바라기, 강아지풀 등
    - ○○는 어떻게 생겼나요? 무슨 색깔인가요?
    - 여름에는 다른 계절에 비해 해가 떠 있는 시간이 길어서 식물들의 키가 큰 편이에요.
○ 유아들이 집과 유치원 주변에서 식물들의 모습에 지속적으로 관심을 가지고 관찰할 수 있도록 한다.

관련활동

- 과학 '봉숭아 물 들이기' (105쪽 참고)

활동 8 여름이 되면

활동목표

- 여름철 자연의 변화에 호기심을 갖는다.
- 여름철 자연의 변화를 시어로 표현한다.

활동방법

○ 교사가 '여름이 되면' 동시를 낭송한 후 동시의 내용에 대해 이야기를 나눈다.

- 여름의 모습을 표현한 동시가 있어요. 선생님이 낭송해 볼게요.
- 이 동시를 지은 사람은 여름의 좋은 점을 무엇이라고 했나요?
- 바다에 가면 좋은 점으로 무엇을 이야기했나요?
- 산에 가면 좋은 점으로 무엇을 이야기했나요?

○ 교사와 유아가 함께 동시를 낭송한다.

○ 여름이 좋은 이유에 대해 이야기 나누고 이를 바탕으로 동시를 개작해 본다.

- ○○○반 어린이들은 여름이 되어 어떤 점이 좋은가요?
- ○○의 이야기를 동시에 들어갈 말로 만들어 봅시다.
- 선생님이 지금까지 ○○○반 어린이들이 이야기한 생각을 잘 정리해서 읽어볼게요. **T**IP
- ○○○반 어린이들이 지은 동시를 함께 낭송해 봅시다.
- 어떤 느낌이 드나요? 부족한 부분이나 고칠 부분이 있나요?

○ 완성한 동시를 게시하는 방법을 의논한다.

- 우리가 지은 동시는 어떻게 전시하면 좋을까요?
  - 큰 종이에 적는다.
  - 그림도 그려 넣는다.
- 어떤 그림을 그리면 좋을까요?
  - 산이나 바다의 그림을 그리거나 인터넷으로 여름 사진을 찾아서 출력해 붙인다.

집단형태

대집단활동

활동유형

동시

활동자료

동시 내용을 연상할 수 있는 그림 혹은 사진, 기록용구(화이트보드, 보드마커펜)

TIP 교사는 유아들의 이야기를 화이트보드에 기록하되, 필요시 동시의 형식에 알맞게 수정하여 기록한다. 동시의 흐름과 운율을 고려해서 여러 유아들의 이야기를 재배치하여 읽어 준다.

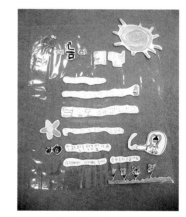

유아들이 개작한 동시

여름이 되면

여름이 되면 나는 좋아요
바다에 새들도 많고
사람도 많고
반짝이는 모래도 많고
무섭지만 재미있는 파도도 많고

여름이 되면 나는 좋아요
산에는 바람도 많고 나무도 많고
반짝이는 햇볕도 많고

활동 9 봉숭아 물 들이기

활동목표

■ 봉숭아의 생김새와 특징을 안다.

■ 손톱에 봉숭아 꽃물을 들이는 방법을 안다.

활동방법

○ 손톱에 봉숭아 물을 들여 보았던 경험을 이야기 나눈다.

■ (봉숭아 물을 들인 손톱 사진을 보여 주며) 손톱 색깔이 어떤가요?

■ 무엇으로 손톱을 물들였을까요?

• 봉숭아꽃으로 물들였다.

■ 옛날 우리 조상들은 매니큐어 대신 봉숭아 꽃잎으로 손톱을 예쁘게 물들였대요. 우리도 손톱에 봉숭아 물을 들여 봅시다.

■ 봉숭아꽃으로 손톱을 물들여 본 적 있나요? 어떻게 물들였나요?

• 봉숭아 꽃잎, 잎사귀를 따다 절구에 넣고 찧는다.

• 절구로 찧은 것을 손톱 위에 올려두고 떨어지지 않도록 잎사귀(비닐랩)로 감싼다.

• 하룻밤 자고 일어난 뒤 잎사귀(비닐랩)를 벗긴다.

○ 활동을 소개한다. **T**IP 1

■ 유치원에 있는 봉숭아꽃으로 손톱에 물을 들일 거예요.

■ 마당 놀이 시간에 봄에 심어 놓은 봉숭아 꽃잎과 잎사귀를 따옵시다.

○ 마당 놀이 시간에 봉숭아 꽃잎과 잎사귀를 딴다.

○ 봉숭아꽃을 관찰한다.

■ 봉숭아꽃, 잎의 생김새와 크기, 색깔 등을 자세히 살펴봅시다.

■ 꽃잎은 어떤 색인가요?

■ 잎사귀의 모양은 어떤가요? 어떤 색인가요?

○ 봉숭아 꽃잎과 잎사귀를 절구에 넣고 찧는다. **T**IP 2

■ 절구에 넣고 찧었더니 어떻게 되었나요?

• 봉숭아꽃에서 진물이 나왔다.

• 꽃잎과 잎사귀 모양이 없어지고 한데 뭉쳐졌다.

■ 어떤 냄새가 나나요?

집단형태

소집단활동(약 10명)

활동유형

과학

활동자료

봉숭아 꽃잎, 잎사귀 딴 것, 명반, 절구와 절구공이, 비닐 랩

TIP 1 '봉숭아 물 들이기' 활동을 하기 전 부모님께 동의를 구한다.

봉숭아 꽃잎과 잎사귀 따기

TIP 2 봉숭아 꽃잎보다 잎사귀를 더 많이 넣어 찧으면 색이 진하게 나온다.

절구에 봉숭아 꽃잎 · 잎사귀 빻기

TIP 3 유아들의 손가락 모두에 봉숭아 물을 들이려면 시간이 많이 소요되므로, 손가락 1개 또는 2개에 봉숭아 물을 들여 본다. 유아들이 교사와 함께 하면서 방법을 익힌 후에 가정에서 부모님과 해볼 수 있도록 봉숭아 빻은 것을 비닐에 담아 집으로 가져가게 한다.

손톱에 봉숭아꽃 올려놓고 랩으로 감싸기

○ 명반을 넣어서 다시 찧는다.

　■ 봉숭아 물을 좀 더 진하게 들이기 위해서 '명반' 이라는 것을 넣어요.

○ 다 찧은 봉숭아꽃을 손톱크기만큼 떼어서 손톱 위에 올려놓는다. **TIP 3**

○ 랩을 잘라서 손가락을 감싼다. 이때 손톱에 봉숭아 올려놓은 것이 떨어지거나 움직이지 않도록 랩으로 잘 고정시킨 후 실로 살짝 묶어 준다.

○ 하루가 지난 후에 랩을 씌워놓았던 손가락에서 랩과 봉숭아를 제거한다.

　■ 손톱 색깔이 어떻게 되었나요?

관련활동

　■ 이야기나누기 '여름에 꽃이 피는 식물' (101쪽 참고)

활동 10 여름철 과일 무게 측정하기

활동목표

- 여름철 과일의 종류에 대하여 안다.
- 무게를 측정하는 방법을 안다.
- 무게를 측정하고 비교한다.

활동방법

○ 가게에서 과일을 사본 경험에 대해 이야기 나눈다.

- 요즘 어떤 과일을 먹어보았나요?
- 가게에서 엄마, 아빠와 함께 과일을 사본 적이 있나요?
- 어떤 과일을 샀나요?
- (관련 사진을 보여 주며) 내가 고른 과일이 모두 얼마인지 어떻게 알 수 있었나요?
  - 가격표를 보고 알 수 있다.
  - 과일의 무게를 재어서 무게에 따라 돈을 낸다.

○ 저울의 의미와 기능을 알아본다.

- 과일의 무게를 어떻게 잴 수 있나요?
  - 저울에 과일을 올려놓고 저울이 나타내는 숫자를 알아본다.
- 저울이 나타내는 숫자만큼 과일이 무거운 거예요.
- 저울이 나타내는 숫자가 큰 과일과 작은 과일 중에 어떤 과일이 무거울까요?

○ 저울로 과일의 무게를 측정한다.

- 여름에 볼 수 있는 과일들이 얼마나 무거운지 재 봅시다.
- 여름에 먹어 본 과일에는 어떤 것들이 있나요?
  - 자두, 복숭아, 참외, 포도 등
- 여러 가지 여름철 과일을 준비했어요. 이 중에서 먼저 ○○의 무게를 재 봅시다.
- 누가 나와서 ○○를 저울 위에 올려놓을까요?
- ○○를 올려놓으니 저울의 바늘이 몇을 가리켰나요? 그럼 ○○의 무게는 몇인 가요?

○ 여러 가지 과일의 무게를 측정하고 비교한다.

- 이번에는 어떤 과일을 재 볼까요?
- △△는 ○○보다 무거울까요? 가벼울까요?

집단형태

대집단활동

활동유형

수학

활동자료

가게에서 과일을 파는 모습 사진(무게를 재서 파는 모습), 저울, 여름철 과일(예: 자두, 복숭아, 참외, 포도 등)

저울로 과일 무게 측정하기

무게 비교하기

■ 왜 그렇게 생각했나요?

■ 누가 나와서 △△를 저울 위에 올려 볼까요?

■ 바늘이 몇을 가리켰나요? 그럼 △△의 무게는 몇인가요?

■ 방금 전, ○○의 무게는 몇이었나요?

■ 무엇이 더 무거운 것일까요?

활동 11 수박

활동목표

- 여름철 과일과 채소의 종류를 안다.
- 과일과 채소가 수확되기까지의 과정에 관심을 가진다.
- 과일과 채소를 길러주시는 하나님께 감사하는 마음을 갖는다.

활동방법

○ 사진자료를 보며 수박을 심고 수박이 자라는 과정에 대해 이야기를 나눈다. **T**IP

- 이곳은 오늘 우리가 간식(후식)으로 먹은 수박밭 사진이에요. 수박 모종을 밭에 심은 후 열매가 맺혀 잘 익으면 우리가 먹게 되는 거예요.
- 수박이 잘 자라고 익게 될 때까지 어떤 과정을 거쳤을까요?
  - 농부는 수박이 잘 자랄 수 있도록 밭을 골고루 갈아 준다.
  - 잘 다듬어진 밭에 씨를 뿌린 후(모종을 심은 후) 물, 거름 등을 주며 돌본다.
- 농부의 노력만으로 가능했을까요?
  - 햇빛과 비, 공기가 있어야 한다.
- 햇빛과 비, 공기는 누가 주시는 것일까요?
  - 하나님

○ 교사가 노래를 들려준다.

○ 교사와 유아가 함께 노래를 부른다.

○ 유아들이 노래를 익숙하게 부르면 2, 3절을 소개하고 함께 부른다.

- 여름에는 또 어떤 과일과 채소들을 먹을 수 있나요?
  - 오이, 참외, 포도, 복숭아 등

집단형태

대집단활동

활동유형

노래

활동자료

사진자료(수박밭, 수박을 수확하는 모습)

TIP 넓은 수박밭의 잘 자란 수박을 보며 뿌듯한 마음을 표현한 노래이다. 수박을 간식 또는 후식으로 먹는 날 활동을 실시하면 효과적이다.

수 박

1. 수 박 밭 에 수 박 이 둥 글 둥 글
2. 오 이 밭 에 오 이 가 길 쭉 길 쭉
3. 참 외 밭 에 참 외 가 둥 글 둥 글

보 기 좋 게 컸 구 나 잘 도 컸 구 나

저 혼 자 서 컸 을 까 잘 도 컸 구 나

아 니 아 니 하 나 님 이 길 러 주 셨 지

활동 12 얼음 수박 만들기

활동목표

- 여름을 시원하게 보내는 방법을 알고 실천한다.
- 온도에 따른 물질의 상태 변화를 관찰한다.

활동방법

○ 계획하기 시간에 요리활동에 대해 설명한다. **TIP 2**

- 여름철에 수확하는 과일 중 하나인 수박을 얼려 내일 간식으로 먹을 거예요. 수박을 얼려서 먹어 본 사람 있나요?
- 수박을 얼리기 위해 필요한 재료를 살펴봅시다. 무엇이 준비되어 있나요?
  - 수박, 설압자, 알루미늄 포일이 있다.

○ 요리활동에 필요한 준비를 한다.

- 손을 깨끗이 씻은 사람은 요리용 작업복을 입고 자리에 앉으세요.
- 위생장갑을 끼세요.

○ 요리를 한다.

① 수박의 모양과 색깔을 살펴본다.

- 수박의 색깔이 어떤가요?
- 수박이 어떤 모양으로 잘라져 있나요?
- 설압자를 꽂을 수 있도록 껍질 부분을 잘랐어요.

② 알루미늄 포일(또는 랩) 위에 수박을 올려놓은 후 수박 껍질 쪽에 설압자를 꽂는다.

- 알루미늄 포일(또는 랩) 위에 수박을 한 개 올려놓으세요.
- 수박의 껍질이 있었던 부분에 설압자를 한 개 꽂아 봅시다.

③ 알루미늄 포일(또는 랩)로 수박을 싸서 냉동실 전용 용기(또는 멜라닌 접시)에 담는다. 용기에 수박을 엇갈려 놓은 후 알루미늄 포일을 크게 이불 덮듯이 깔고 다시 수박 얹는 것을 반복한다. **TIP 3**

④ 냉동실에 넣어 얼린다.

- 이제 냉동실에서 하루 동안 수박을 얼렸다가 내일 간식으로 먹을 거예요.

○ 하루가 지난 후에 냉동실에서 용기를 꺼내고 알루미늄 포일(또는 랩)을 벗겨 간식으로 먹는다. 냉동실에서 바로 꺼낸 수박은 매우 단단하게 얼어 있어서 먹기 힘드므로 먹기 10~20분 전에 미리 꺼내어 둔다.

집단형태

소집단활동(약 10명)

활동유형

과학

활동자료

- 재료(1집단 10명 기준): 수박 10쪽 **TIP 1**
- 기구(1집단 10명 기준): 투명한 냉동실 전용 용기 또는 멜라닌 접시, 알루미늄 포일 또는 랩 잘라 놓은 것 10개, 설압자 10개, 냉장고
- 기타: 요리용 작업보, 요리용 작업복, 유아용 위생장갑 10쌍

TIP 1 계절과 기호에 따라 수박 이외의 다른 과일로도 만들 수 있다. 예를 들어 바나나의 껍질을 벗긴 후 설압자를 꽂아 얼려 얼음 바나나를 만들 수 있다. 이때 바나나의 색깔이 변할 수 있으므로 랩이나 알루미늄 포일로 감싼 후에 냉동실에 넣는다.

TIP 2 만드는 방법이 매우 간단하므로, 여름철에 간식으로 만들어 먹으면 좋다. 냉동실에 넣은 수박이 얼기까지 하루 정도 소요되므로 간식으로 얼음 수박을 먹기로 계획한 전 날 활동을 실시한다.

TIP 3 수박을 알루미늄 포일에 싸지 않은 채 냉장고에 넣을 경우 수박끼리 달라붙어 떼기 어렵다.

알루미늄 포일에 수박 싸기

관련활동

■ 노래 ‘수박’ (109쪽 참고)

■ 노래 ‘얼음과자’ (62쪽 참고)

■ 이야기나누기 ‘여름철 식생활 안전’ (60쪽 참고)

채소 도장 찍기

활동목표

- 여름철 식물의 종류와 특징을 안다.
- 식물의 단면 모양을 탐색한다.
- 식물의 단면 모양을 활용하여 작품을 만든다.

활동방법

○ 채소의 생김새를 탐색한다.
- 어떤 채소들이 있나요?
  - 감자, 연근, 고추, 피망, 양파
- 채소들의 생김새를 살펴봅시다.
  - 감자: 둥그렇다. 군데군데 쏙 들어가서 울퉁불퉁하다.
  - 연근: 굵고 길다.
  - 피망: 위쪽이 납작하고 꼭지가 있다. 몸은 올록볼록하다.
  - 양파: 동그랗다. 여러 겹의 껍질로 쌓여 있다.
  - 고추: 작고 길다. 위에 꼭지가 있고 아래로 갈수록 좁아져 끝이 뾰족하다.

○ 채소를 반으로 자른다.
- 채소들을 반으로 잘라 봅시다.
- 이 채소들을 반으로 자르니 자른 면의 모양이 어떤가요?

○ 채소의 단면을 탐색한다.
- 채소의 잘라진 면을 보세요. 어떻게 생겼나요?
  - 감자: 속이 꽉 차서 매끈하다.
  - 연근: 동그랗게 둘러가며 동그란 구멍이 뚫려 있다. 꽃모양 같다.
  - 고추: 속이 뚫려 있고 안에 고추씨가 들어 있다.
  - 피망: 속에 씨앗이 달려 있다. 뚫린 부분도 있고 하얗게 막힌 부분도 있다.
  - 양파: 속이 꽉 차 있다. 동그란 줄이 여러 겹 보인다.

○ 채소 단면을 종이에 찍어 작품을 구성한다.
- 잘라진 모양이 잘 보이도록 물감을 묻혀 종이에 찍어 봅시다.
- 먼저 종이 뒷면에 이름을 쓰세요.
- 채소 도장에 물감을 묻히세요. **T**IP 2
- 종이에 도장을 찍으세요.
- 크레파스로 도장무늬 주변을 꾸며 보세요.

집단형태

자유선택활동

활동유형

조형 영역

활동자료

채소(예: 감자, 연근, 고추, 피망, 양파 등), 칼 **T**IP 1, 물감그릇, 크레파스

TIP 1 채소를 자를 때 날카로운 칼이 아닌 유아용 플라스틱 칼이나 빵칼로 자른다.

TIP 2 채소 도장은 사용 후 냉장고에 보관하면 2~3일 동안 사용할 수 있다.

채소를 이용하여 도장 찍기

완성한 작품

활동 14 배추 모종 심기

집단형태

소집단활동(약 10명)

활동유형

과학

활동자료

배추 모종(유아 1인당 1개씩),
삽, 물뿌리개

활동목표

■ 겨울 생활을 위해 미리 준비해야 할 일이 있음을 안다.

■ 배추의 성장과정에 관심을 갖는다.

■ 배추가 잘 자라도록 돌본다.

활동방법

○ 겨울철에 먹을 김치를 담그기 위해 텃밭에서 할 배추 모종심기 활동에 대해 소개
한다.

■ '김장' 이라는 말을 들어본 적 있나요?

■ '김장' 은 초겨울에 김치를 한꺼번에 많이 담는 것을 말해요.

■ 왜 김장을 하는 것일까요?

• 한 겨울에는 날이 추워서 채소가 잘 자라지 않거나 얼어붙기 때문에 미리 거
두어 김치를 담아 보관한다.

■ 우리도 초겨울에 김장을 할 거예요. 김장을 하려면 어떤 재료들이 필요할까요?

• 배추, 무, 파, 고춧가루 등이 필요하다.

■ 김장에 필요한 배추 모종을 텃밭에 심을 거예요.

○ 배추 모종을 관찰한다.

■ 배추 모종은 마트나 시장에 있는 배추와 어떤 점이 다른가요?

• 아기배추 같다.

• 잎사귀의 크기가 작다.

• 잎사귀의 수가 적다.

○ 텃밭에 배추 모종을 심는다.

■ 먼저 배추 모종을 싸고 있는 비닐을 벗기세요.

■ 모종삽으로 밭에 구멍을 판 후 배추 모종을 구멍 안에 넣어 줄 거예요. 모종 주
변을 흙으로 덮어 주세요.

■ 배추 모종을 다 심은 사람은 물뿌리개로 물을 주세요. 물을 많이 줄 경우 배추
모종 주위에 있는 흙이 씻겨 내려갈 수 있기 때문에 흙이 촉촉이 젖을 정도만 주
세요.

○ 배추 모종을 잘 키우기 위해 해야 할 일에 대해 이야기를 나눈다.

■ 초겨울이 되면 배추를 수확할 거예요. 지금부터 가을까지 배추 모종을 잘 자라도록 하기 위해 어떤 일을 해야 할까요?

  • 텃밭의 흙이 마르지 않도록 당번을 정하여 2~3일에 한 번씩 물을 준다.
  • 배추 모종 주위에 생긴 잡초를 뽑는다.
  • 배추 모종이 잘 자라고 있는지 확인한다.

관련활동

■ 이른 봄 텃밭에 고추, 깻잎, 상추 등을 심어 수확했다면 배추 모종을 심기 전 텃밭을 다시 일궈 놓아야 배추가 잘 자란다.

여름철 동·식물의 모습

배추 모종 심기

물 주기

4. 여름방학

활 동

1 개인장 및 교실 정리

집단형태

대집단활동

활동유형

이야기나누기

활동자료

역할분담 표시판, 신문지, 보자기, 바구니, 테이프

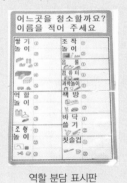

역할 분담 표시판

TIP 1 개인장 정리에 필요한 종이가방은 가정에서 가져오도록 사전에 공지한다.

TIP 2 유아들의 소지품 중 실내화, 칫솔은 방학일까지 사용하므로 미리 종이가방에 넣지 않고, 방학 귀가 때 넣을 수 있도록 비닐봉지를 준비하여 둔다.

활동목표

■ 방학을 하기 전 개인장 및 교실 정리의 필요성을 알고 정리한다.

■ 주변을 깨끗이 정리하는 습관을 갖는다.

활동방법

| 개인장 정리하기 |

○ 여름방학을 하기 1~2일 전 계획하기 시간에 개인장 정리에 대하여 이야기한다.

■ 내일(모레)은 무슨 날인가요?

• 여름방학이 시작된다.

■ 방학을 하면 어디에서 지내게 되나요?

• 집에서 지낸다.

■ 방학에 집에서 지내는 동안 유치원에 있는 짐은 어떻게 해야 할까요?

• 유치원에 있는 자기의 짐을 정리해서 집으로 가져가야 한다. 오늘 방안놀이 시간에 각자 자기의 장을 정리하도록 한다.

○ 방안놀이 시간에 개별적으로 장을 정리한다.

■ 종이가방에 이름을 쓰세요. **TIP 1**

■ 서랍 안의 옷(예: 여벌 옷, 작업복 등)을 정리해서 비닐에 넣은 후 종이가방에 담으세요. **TIP 2**

■ 장에 남아 있는 물건이 없는지 확인해 보세요.

■ 방학일에 칫솔, 실내화를 종이가방에 담아 가져갈 거예요.

| 교실 정리하기 |

○ 여름방학일 계획하기 시간에 유아들과 교실 정리에 대하여 이야기 나눈다.

■ 오늘은 1학기의 마지막 날이에요. 방학 동안에 ○○○ 반에 어린이들이 오지 않을 거예요. 그럼 방 안에 있는 물건이 어떻게 될까요?

• 사람들이 사용하지 않으므로 먼지가 쌓인다.

■ 방 안의 물건들을 어떻게 해야 할까요?

• 정리해야 한다.

• 먼지가 들어가지 않도록 종이나 비닐로 덮는다.

■ 오늘 방안놀이 시간에 교실을 정리를 할 거예요. 어떻게 정리할까요?

- 교구: 놀잇감은 바구니에 담아 신문지, 보자기로 덮어둔다.
- 교구장: 장 안에 놀잇감이 있는 경우 신문지, 보자기로 막는다.
- 벽: 벽에 있는 게시물을 떼어서 한곳에 모아 비닐에 담는다.

■ 누가 어디를 정리할지 역할을 정하도록 해요. ○○ 영역은 어떻게 정리해야 할까요? ○○ 영역을 정리하고 싶은 사람은 손 들어봅시다.

■ 방안놀이 중간에 선생님께서 정리할 곳을 이야기하면 그 곳의 정리를 맡은 어린이들이 와서 선생님과 함께 정리를 하세요.

○ 실내 · 외 자유선택활동 시간에 흥미 영역별로 정리를 시작한다.

바구니에 놀잇감 넣고 보자기로 싸기

- 쌓기 놀이 영역: 블록 바구니를 비닐(신문지, 보자기)로 덮는다. 자동차 등 소품을 바구니에 넣는다. 신문지로 교구장을 막는다.
- 역할 놀이 영역: 소품들은 장 안으로 넣거나 바구니에 담는다. 신문지로 교구장을 막는다.
- 조형 영역: 교구장을 신문지로 막은 후 벽 쪽으로 민다.
- 언어 영역: 그림책을 바구니에 넣는다. 인형 및 듣기자료를 바구니에 담는다. 그림사전을 바구니에 담는다. 그림사전 표시판을 뗀다.
- 수학 · 조작 놀이 영역: 교구들을 바구니에 담는다.
- 컴퓨터 놀이 영역: 컴퓨터 사용 순서판, (모래)시계, CD 등을 바구니에 담는다. 컴퓨터(본체, 모니터, 키보드, 프린터 등)를 보자기로 싼다.
- 벽에 붙어 있는 게시물을 뗀다.
- 교실에 있는 화분은 햇볕이 드는 한 장소에 모은다.

신문지로 교구장 막기

유의점

■ 개인장 정리는 방안놀이 시간 중 개별적으로 실시하므로 2~3일 정도 시간이 소요된다.

■ 흥미 영역에 따라 정리에 필요한 인원수가 다르므로 유아 수를 적절히 조절하여 배치한다. 예를 들어 놀잇감의 종류와 수가 많은 쌓기 놀이 영역, 역할 놀이 영역에는 6~7명의 유아가 함께 정리하도록 하는 반면, 정리할 놀잇감의 수가 비교적 적은 언어 영역, 음률 영역, 과학 영역 등은 2~3명의 유아가 정리하도록 한다.

■ 유아들이 정리하기 어려운 것(예: 카펫 말기)은 귀가 후 교사가 정리한다.

■ 교사가 유아들이 정리한 결과를 돌아보고 최종 점검하여 마무리한다.

관련활동

■ 조형 영역 '그림작품 정리하기' (120쪽 참고)
■ 이야기나누기 '1학기 종업일' (123쪽 참고)

활동 2 그림작품 정리하기

집단형태

자유선택활동

활동유형

조형 영역

활동자료

그림책 겉장(8절 색지), 스테이플러, 셀로판테이프, 크레파스, 색연필, 사인펜, 정리할 작품을 담을 봉투

2○○○ 년   8월
○○○반   김이화

그림모음책 겉장

TIP 1 개인장을 정리하기 전날 유아들에게 개인장을 정리하는 이유와 방법을 이야기하고 정리할 것을 담아갈 종이가방을 가지고 오도록 한다.

TIP 2 작품 중 유아의 발달 과정을 관찰할 수 있거나 기록해 두어야 할 것이 있으면 교사가 따로 작품을 선정하여 포트폴리오에 보관한다.

활동목표

■ 자신의 그림작품을 소중하게 다룬다.
■ 자신의 물건을 스스로 정리하는 습관을 기른다.

활동방법

○ 개인장에 보관되어 있는 그림작품을 정리할 것임을 이야기한다. **TIP 1**

■ 여름방학을 하면 장에 있는 그림작품을 정리해서 집에 가져가야 해요.
■ 장에 있는 그림작품을 왜 집으로 가져간다고 했나요?
  • 방학 동안 유치원에 오지 않고 집에서 지내므로 집에서 그림작품을 볼 수 있다.
  • 그동안 내가 어떤 것들을 그렸는지 살펴보고 방학 동안 가족들에게도 보여 줄 수 있다.
■ 장에 있는 그림을 집으로 가져갈 수 있도록 종이가방에 담을 거예요.
■ 그림이 여러 장인 경우 묶어서 그림모음책으로 만들 거예요. 어떤 순서로 모을까요? **TIP 2**
  • 날짜 순서
  • 크기 순서
■ 그림을 순서대로 놓은 후 그림모음책의 겉장을 만들어서 함께 묶어봅시다.
○ 그림모음책의 겉장 그림을 그린다.
■ 겉장에는 내가 가장 잘 그리는 것, 그리고 싶은 것을 그리세요.
■ 날짜, 반 이름과 내 이름을 쓰세요.
○ 장에 있는 그림을 정리해서 그림모음책을 만든다.
○ 그림모음책과 입체 작품을 종이가방에 담아 귀가 시 집에 가지고 간다.

유의점

■ 그림모음책에 박힌 스테이플러 심에 다치지 않도록 셀로판테이프를 붙여서 마감한다.

관련활동

■ 이야기나누기 '개인장 및 교실 정리' (118쪽 참고)

활동 3 여름방학 생활

활동목표

■ 여름방학의 필요성을 안다.

■ 여름방학 중에도 규칙적인 생활을 하는 태도를 기른다.

활동방법

○ 달력을 보며 여름방학에 대해 이야기한다. **T**IP

■ (달력을 보여 주며) 이제 ○일만 지나면 여름방학이 시작돼요.

■ 여름방학은 왜 하는 것일까요?

• 날씨가 너무 더워서 유치원에 오고 갈 때 힘이 들고 병이 날 수 있다.

• 집에서 지내면서 유치원에 다닐 때는 하지 못했던 여러 가지를 하면서 새로운 것을 해보고 배울 수 있다.

○ 여름방학 동안 즐겁고 건강하게 생활하기 위한 방법에 대해 이야기를 나눈다.

■ 여름방학이 되면 집에서 보내는 시간이 많아져요. 집에서 어떻게 생활해야 하는지 이야기 나누어 봅시다.

① 규칙적인 생활하기

• 일찍 자고 일찍 일어난다.

• 텔레비전을 많이 보지 않는다.

• 책을 많이 읽는다.

② 건강한 생활하기

• 덥다고 집안에만 있지 말고 운동을 한다. 하지만 한낮은 너무 덥기 때문에 피하는 것이 좋다.

• 에어컨이나 선풍기 바람을 너무 많이 쐬지 않는다.

• 찬 음식을 많이 먹지 않는다.

③ 안전한 생활하기

• 밖에 나갈 때에는 어른들과 함께 간다.

• 밖에서 놀이할 때 안전한 곳에서 안전하게 놀이한다.

④ 즐겁게 생활하기

• 친척 집을 방문한다.

• 친구들을 만난다.

집단형태

대집단활동

활동유형

사회

TIP 본 활동은 1학기 종업일 2~3일 전에 실시한다. 유아들이 여름방학 동안 가정에서 어떻게 생활해야 할지 스스로 생각해 볼 수 있도록 한다.

- 음악회, 미술관, 박물관 등에 간다.
- 가족과 함께 바다, 산, 계곡 등으로 여행을 간다.

■ 여름방학 동안 즐겁고 건강하게 지내기 위해서 또 어떤 것들을 해야 하는지 생각해 보세요.

관련활동

■ 이야기나누기 '1학기 종업일' (123쪽 참고)

활동 4 1학기 종업일

활동목표

- 여름방학의 필요성을 안다.
- 즐거운 마음으로 여름방학을 맞이한다.

활동방법

○ 달력을 보며 내일부터 여름방학이 시작됨을 알린다.

- 내일부터 여름방학이 시작돼요. 여름방학은 왜 한다고 했나요?
  - 날씨가 너무 더워서 유치원에 오고 가기 힘들고 병이 날 수 있기 때문이다.
  - 집에서 지내면서 유치원에 다닐 때는 하지 못했던 여러 가지를 할 수 있기 때문이다.

○ 여름방학을 즐겁고 건강하게 생활하기 위해 해야 할 일을 회상한다.

- 여름방학 동안 집에서 어떻게 생활하기로 했나요?
  - 일찍 자고 일찍 일어난다.
  - 에어컨을 너무 많이 쐬거나 찬 음식을 많이 먹지 않는다.
  - 밖에 나갈 때는 어른들과 함께 간다.

○ 방학을 마친 후 방학 동안 만든 작품이나 수집한 물건을 유치원에 가져오도록 당부한다.

- 방학 동안 그린 그림이나 만든 것을 개학일에 가져오세요. 개학일은 ○월 ○일이에요.
- 바다나 산에 놀러갔을 때 신기하고 재미있는 물건을 주워서 모아 두었다가 개학일에 가져와서 친구들과 함께 보기로 해요.
- 방학 동안 찍은 사진을 가져오세요.

○ 부모님께 드리는 통신문을 받은 유아는 친구들, 선생님과 인사를 하고 집에 간다.

○ 귀가 시간에 집으로 가져갈 것들과 개학일에 다시 가져올 것들을 소개한다.

- 오늘 집에 갈 때는 그동안 사용했던 소지품(예: 실내화, 실내화 주머니, 칫솔, 칫솔통, 여벌옷 등)을 가지고 가세요. 오늘 가져간 소지품은 개학일에 다시 가지고 오세요. **TIP**

집단형태
대집단활동

활동유형
이야기나누기

활동자료
달력

TIP 2학기 개학 전 가정으로 편지를 발송하여 방학 동안의 안부를 전하고 개학일정, 개학일의 준비물 등을 알린다.

관련활동

- 사회 '여름방학 생활' (125쪽 참고)
- 노래 '여름방학' (121쪽 참고)
- 이야기나누기 '개인장 및 교실 정리' (118쪽 참고)

활동 5 여름방학

활동목표

- 여름방학을 즐겁게 보내기 위한 계획을 세운다.
- 즐거운 마음으로 여름방학을 맞이한다.

활동방법

○ 여름방학 동안 하고 싶은 일과 놀러갈 수 있는 곳에 대하여 이야기한다.

- 여름방학 동안에 하고 싶은 일이 있나요?
- 어디로 놀러가고 싶나요?
  - 산, 숲, 계곡, 바다 등에 놀러가고 싶다.
- 산이나 숲에 가면 무엇을 볼 수 있을까요? 무엇을 할 수 있을까요?
  - 매미가 있다.
  - 시원한 바람을 맞을 수 있다.
  - 나무와 풀을 볼 수 있다.
  - 다람쥐와 청설모 등을 볼 수 있다.
  - 나무열매(산딸기)를 딸 수 있다.

○ 교사가 그림자료를 제시하며 노래를 부른다.

- 이렇게 여름방학이 되어 놀러 가고 싶은 곳을 이야기한 노래가 있어요.

○ 한 가지 소리로 곡을 익힌다.

○ 게시판에 노랫말 자료를 붙이며 노랫말을 살펴본다.

○ 교사와 유아가 함께 부른다.

관련활동

- 이야기나누기 '1학기 종업일' (123쪽 참고)
- 사회 '여름방학 생활' (121쪽 참고)

집단형태
대집단활동

활동유형
노래

활동자료
노래자료(그림자료, 노랫말 자료), 게시판

'여름방학' 그림자료

'여름방학' 노랫말 자료

여름방학

작사 강소천
작곡 박홍수

1. 푸른 산이 부른다 우리들을
2. 바닷물이 부른다 우리들을

푸른 숲이 부른다 우리들을
시냇물이 부른다 우리들을

산 — 딸기 따러 가자 산으로 가자
푸른 물에 헤엄치러 바다로 가자

매미채 둘러메고 숲으로 가자
낚싯대 둘러메고 냇가로 가자

활동 6 2학기 개학일

활동목표

- 유치원 생활에 재적응한다.
- 오랜만에 만난 선생님과 친구들에게 반가운 마음을 갖는다.

활동방법

○ 개학날 유아가 유치원에 도착하면 교사, 친구들과 개별적으로 인사를 나누고 칫솔, 여벌옷 등을 정리한다.

○ 계획하기 시간에 노래를 부르며 함께 모여 앉는다. **TIP 1**

○ 오랜만에 만난 선생님, 친구들과 인사를 나눈다.

- 오늘은 몇 월 며칠인가요? 오늘은 무슨 날인가요?
  - ○월 ○일 / 개학일
- 며칠 만에 유치원에 왔는지 달력을 보며 세어 봅시다.
- 오랜만에 유치원에 와서 선생님, 친구들을 만나니 기분이 어떤가요?
- 어떻게 인사를 나눌 수 있을까요?
  - '반갑다', '오랜만에 만나서 기쁘다', '보고 싶었다' 등

○ 교사는 유아들의 출결상황을 확인하고 유아들의 달라진 점에 대해 이야기를 나눈다.

- 선생님이 ○○○ 반 어린이들의 이름을 부를게요. 이름을 부르면 손을 들고 씩씩하게 대답하세요.
- 친구들의 모습이 달라진 점이 있나요? **TIP 2**
  - 키가 컸다.
  - 피부가 검게 탔다.
  - 머리 모양이 달라졌다.

○ 방학 동안 유치원의 달라진 점에 대해 이야기 나눈다.

- 방학 동안 ○○○ 반의 모습이 어떻게 달라졌나요?
  - 새로운 놀잇감이 생겼다.
  - 놀잇감이 놓인 장소가 바뀌었다.
- 유치원에 오면서 마당이나 현관, 복도의 모습을 본 사람 있나요? 어떻게 달라졌나요?
  - 봉숭아 씨가 많이 맺혔다.

집단형태
대집단활동

활동유형
이야기나누기

활동자료
출석부 혹은 유아들의 이름이 적힌 노트, 달력

TIP 1 유아들이 얼굴을 모두 마주 볼 수 있도록 원대형으로 앉는다.

TIP 2 출석을 부를 때, 유아의 이름뿐만 아니라 달라진 점을 이야기하고 안부를 물어봄으로써 친구들과 선생님으로부터 환영받고 있음을 느끼도록 한다.

- 열매가 많이 커졌다.

■ 오늘 하루 동안 유치원과 ○○○ 반 교실의 달라진 점을 찾아보세요.

관련활동

■ 이야기나누기 '방학 동안 재미있었던 일' (129쪽 참고)

활동목표

- 방학 동안의 경험을 회상하고 그림으로 표현한다.
- 친구들의 경험 이야기를 듣고 이해한다.

활동방법

○ 여름 방학 동안의 다양한 경험 중에서 재미있었던 일을 그림으로 그린 뒤 모여 앉는다.

- 방학 동안 즐거웠던 일에 대해 친구들에게 이야기를 하고, 친구들의 이야기를 들어볼 거예요.

- 한 명씩 돌아가면서 차례대로 이야기를 할 거예요. 내 차례가 되면 어떻게 해야 되죠?

  • 바른 자세로 친구들에게 그림을 보여 준다.

  • 다른 친구들이 들을 수 있도록 큰 목소리로 바르게 이야기한다.

  • 친구들이 물어보는 것을 잘 듣고 대답해 준다.

○ 이야기하고 싶은 유아부터 차례로 방학 동안 재미있었던 일 그림을 친구들에게 보여 주며 이야기한다. **T**IP 2

- ○○는 방학 동안에 어떻게 지냈나요? 어떤 일이 재미있었나요?

- ○○의 이야기를 듣고, 궁금한 점이 있는 사람은 물어보세요. **T**IP 3

방학 동안 재미있었던 일 그림

집단형태

대집단활동 **T**IP 1

활동유형

이야기나누기

활동자료

유아가 그린 그림, 녹음기

TIP 1 전체 유아가 대집단으로 모여 한 명씩 모두 이야기할 경우, 시간상 제약이 있고 유아가 집중하기 어렵다. 한 회에 7~8명씩 발표하는 것으로 3~4회에 걸쳐 실시하거나 다른 집단활동을 위한 전이 및 주의집중 활동으로 3~4명씩 여러 회에 걸쳐 실시할 수 있다.

TIP 2 다른 유아들이 들을 수 있는 크기의 목소리로 또박또박 완전한 문장으로 이야기하도록 지도한다. 만약 말을 끝맺지 못하는 유아가 있을 경우 교사가 정확한 시범을 보인다.

TIP 3 유아들이 친구들의 이야기를 주의 깊게 듣고 느낀 점을 말하거나 궁금한 점을 물어보는 등 활발한 상호작용이 일어날 수 있도록 격려한다. 이야기를 나누는 과정에 교사도 적극적으로 참여하여 적절한 시범을 보인다.

방학 동안 재미있었던 일 발표하기

확장활동

■ 유아들의 이야기를 녹음하고 그림을 책으로 묶은 뒤 언어 영역에 제시하여 방안놀이 시간 중 유아들이 개별적으로 들어보게 한다.

관련활동

■ 이야기나누기 '2학기 개학일' (127쪽 참고)

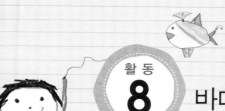

활동 8 바다 속 구성하기

활동목표

■ 방학 동안의 경험을 다양한 표상활동을 통해 친구들과 공유한다.

■ 블록으로 입체물을 구성한다.

활동방법

○ 여름방학 동안 바다에 놀러갔던 어린이들과 바다 속 꾸미기를 위한 계획을 세운다.

■ 바다를 어떻게 만들까요?

• 바닷물과 색깔이 비슷한 천을 바닥에 깔아서 바닷물로 활용한다. **T**IP

• 천 가장 자리에 블록을 놓아서 바다라는 것을 표시한다.

■ 바다 속에서 볼 수 있는 것들을 어떻게 만들까요?

• 신문지를 동그랗게 구겨서 돌을 만든다.

• 초록색 종이를 해초 모양으로 오린 다음 블록에 붙여서 바다 속에 세워 놓는다.

• 물고기는 직접 그려서 만들거나 교실에 있는 바다 생물 모형교구를 활용한다.

○ 유아들과 계획한 방법대로 바다 속을 꾸민다.

○ 구성한 작품을 이용하여 놀이한다.

■ 우리가 만든 바다에서 어떤 놀이를 할 수 있을까요?

• 낚시 놀이

• 수영 놀이

• 뱃놀이

확장활동

■ 구성 작품을 이용하여 낚시 놀이를 할 수 있다. 유아들이 만든 바다 생물 또는 바다 생물 모형교구에 클립이나 작은 자석을 달고 낚싯대에도 자석을 달아 낚시 놀이를 준비한다.

관련활동

■ 동시 '내가 만약 바다 속에서 놀 수 있다면' (132쪽 참고)

집단형태

자유선택활동

활동유형

쌓기 놀이 영역

활동자료

자석벽돌블록, 파란색 계열의 천, 초록색 계열의 종이, 신문지, 바다 생물 모형교구

TIP 쌓기 놀이 영역에 준비한 파란색 계열의 천을 깐다. 이때 완전히 펴서 깔기보다 조금씩 구겨진 채로 깔면 파도의 느낌을 표현하기 좋다.

바다 속 구성하기

내가 만약 바다 속에서 놀 수 있다면

집단형태

대집단활동

활동유형

동시

활동자료

바다 속 풍경 그림, 바다 소리가 녹음된 테이프, 녹음기, 화이트보드, 보드마카펜

TIP 동시 감상하기, 동시 개작하기 등의 활동을 충분히 경험 한 후에 본 활동을 실시하는 것이 효과적이다.

활동목표

■ 바다 속 풍경을 상상한다.

■ 바다 속에 대해 상상한 것을 시어로 표현한다.

활동방법 **TIP**

○ 바다 소리가 녹음된 테이프를 듣고 바다 속에서 노는 모습을 상상한다.

■ 이 소리를 듣고 있으니 우리가 어디에 온 것 같나요?

■ 만약 우리가 바다 속에서 놀 수 있다면 어떤 기분일까요? 어떤 일이 일어날까요?

■ 바다 속으로 한번 들어가 볼까요? 바다 속으로 들어가려면 어떤 준비를 해야 할까요?

• 물안경을 낀다.

• 오리발을 발에 끼운다.

• 산소 탱크를 등에 맨다.

■ 준비되었나요? 자, 들어갑니다, 풍덩!

■ 바다 속에 들어갔더니 무엇이 보이나요?

■ 누구와 놀고 싶나요? 무엇을 하며 놀고 싶은가요?

○ 유아들이 이야기한 것을 화이트보드에 받아 적는다.

○ 유아들이 이야기한 내용을 동시로 구성한다.

■ ○○○반 어린이들이 이야기한 내용을 적어볼게요.

○ 동시를 완성한 후 교사가 운율에 맞추어 동시를 낭송한다.

○ 유아들과 함께 동시를 낭송한다.

○ 완성한 동시를 교실의 벽면에 전시한다.

유아들이 지은 동시 '내가 만약 바다 속에서 놀 수 있다면' 전시

동 시

내가 만약 바다 속에서 놀 수 있다면

2010년 9월 무궁화반 어린이들

만약 바다 속에서 놀 수 있다면

돌고래 등에 타고
타이거 상어 등에 타고
범고래 등에 타고
바다 속을 여행하며 친구들을 만나고 싶어요.

만약 바다 속에서 놀 수 있다면
해초 안에 들어가서 조개를 따고
조개 안에 있는 진주로 진주 목걸이도 만들고
바다 속에서 소꿉 놀이도 하고
모래성을 만들어 소라게를 초대해서 놀고 싶어요.

관련활동

- 율동 '바다' (134쪽 참고)

집단형태

대집단활동

활동유형

율동

활동자료

바다 속에 사는 생물들 사진
(예: 물고기, 문어, 오징어,
고래, 불가사리, 조개, 해초,
바위 등), 자석판, 바다 속 배
경 그림이나 사진, 바다에서
들을 수 있는 소리가 녹음된
음향자료(예: 뱃고동 소리,
파도 소리, 갈매기 소리 등),
바다 속 풍경과 어울리는 연
주곡, 바다 느낌이 나는 천,
오디오

TIP 1

〈바다와 어울리는 음악의 예〉
• 드뷔쉬 '바다' 중 2, 3악장
• 생상스의 '동물의 사육제' 중
  7곡
• 요한슈트라우스 '피치카토 폴카'

TIP 2 바다 생물을 재미있고
창의적으로 표현한 유아가 다시
한 번 동작을 보여 주어 다른 유아
들이 표현하는 데 도움이 될 수 있
도록 한다.

활동목표

■ 바다에서 볼 수 있는 생물의 종류와 특징을 안다.

■ 바다 속 생물의 모습을 창의적인 움직임으로 표현한다.

활동방법

○ 바다에서 들을 수 있는 자연의 소리를 듣는다.

■ 무슨 소리일까요?

• 뱃고동 소리, 파도 소리, 갈매기 소리

■ 이런 소리들은 어디에서 들을 수 있을까요?

• 바다

■ 바다 속에는 무엇이 살고 있을까요?

• 물고기, 문어, 오징어, 고래, 불가사리, 조개, 해초, 바위 등

■ ○○○는 어떻게 생겼나요? 어떻게 움직일까요?

■ 바다 속에는 또 어떤 것들이 있을까요?

• 해초, 바위 등 식물도 있다.

○ 바다 속 풍경과 어울리는 음악을 감상한다. **T**IP 1

■ 바다 속 풍경을 생각하며 음악을 들어보세요.

○ 음악을 감상한 느낌을 이야기 나눈다.

○ 원하는 유아가 앞에 나와 음악에 맞추어 바다 속 생물의 움직임을 표현해 본다.

■ 우리가 바다 속 생물이 되어 몸을 움직여 봅시다.

■ 무엇이 되어볼지 생각해 보세요.

■ 어떻게 움직일지 생각해 보세요.

■ 누가 나와서 친구들에게 보여 줄까요?

■ 어떤 바다 속 생물을 표현했나요?

■ 무엇을 하는 모습인가요?

○ 반 집단씩 나와서 율동을 한다.

○ 평가한다.

■ 친구들이 표현했던 모습 중에서 어떤 점이 재미있었나요?

■ 바다 생물의 모습을 잘 표현한 움직임은 무엇이었나요? **T**IP 2

■ 어떤 바다 생물의 움직임을 표현하는 것이 재미있었나요?

■ 움직임 중 표현하기 어려웠던 것이 있었나요?

○ 다 함께 율동을 한다. 이때 역할을 정해 바다 속 동물과 식물이 모두 어울려 율동을 할 수 있도록 한다.

사전활동

■ 사전활동으로 바다 속에 사는 생물에 대한 영상자료를 봄으로써 유아들이 생물들의 움직임에 대해 풍부한 지식을 얻을 수 있도록 한다.

관련활동

■ 동시 '내가 만약 바다 속에서 놀 수 있다면' (132쪽 참고)
■ 쌓기 놀이 영역 '바다 속 구성하기' (131쪽 참고)

여름방학

바다 율동하기

조개껍데기 무늬 비교하기

집단형태

자유선택활동

활동유형

과학 영역

활동자료

여러 종류의 조개 **T**IP, 돋보기, 연필, 색연필, 종이

TIP 유아들이 방학 동안 수집해 온 조개를 사용한다.

활동목표

- 조개껍데기에 무늬가 있음을 안다.
- 조개의 종류와 생김새에 관심을 가지고 관찰한다.

활동방법

○ 과학 영역에 있는 여러 종류의 조개껍데기를 탐색한다.

- 손으로 조개껍데기를 만져보세요. 느낌이 어떤가요?
- 여러 가지 조개껍데기의 무늬를 관찰해 봅시다. 돋보기로 자세히 들여다보세요.
- 조개껍데기에 어떤 무늬가 있나요?
  - 선으로 된 무늬가 있다.
- 조개껍데기의 무늬가 같은가요?
  - 조개껍데기의 무늬가 다르다.
- 조개껍데기의 무늬가 비슷한 것끼리 모아보세요.

○ 조개껍데기의 무늬가 생기는 이유에 대해 이야기를 나눈다.

- 이런 무늬는 왜 생길까요?
- 나무의 나이테처럼 조개도 나이가 들수록 이 선이 더 많아져요. 이런 선을 '성장선'이라고 해요. 이 선을 잘 관찰하면 조개의 나이를 짐작할 수 있어요.

○ 조개껍데기의 무늬를 그려 본다.

- 조개껍데기의 무늬를 돋보기로 관찰하고 종이에 무늬를 그려 보세요.

활동목표

- 여름을 즐겁게 지내는 방법을 안다.
- 친구들과 협력하여 즐겁게 야영 놀이를 한다.

활동방법

○ 여름방학 중 야영 경험에 대해 이야기를 나눈다.

- '야영'은 무엇을 하는 것인지 아는 사람 있나요?
- 휴식을 취하기 위해 야외에 천막이나 텐트를 치고 지내는 것을 '야영'이라고 해요.
- 야영을 가기 위해 어떤 것들을 준비했나요?
  - 천막, 돗자리, 음식을 만들기 위한 조리용 도구(코펠), 식사를 위한 도구(예: 수저, 그릇, 쟁반, 컵 등), 음식과 간식, 배낭용 가방, 여벌옷, 접이식 의자와 탁자, 카메라 등
- 야영 시 무엇을 하며 지냈나요?
  - 바다, 냇가에서 텐트를 치고 그 안에서 잠을 자고 식사를 하며 지냈다.
  - 냇가에서 잡은 물고기로 엄마가 매운탕을 만들어서 먹었다.
  - 계곡 근처에 텐트를 치고 놀기도 하고, 산으로 등산도 다녀왔다.
  - 냇가에서는 물고기도 잡을 수 있어 낚싯대, 그물 등을 준비했다.
  - 나뭇가지를 모아 모닥불을 피우고 고기를 구워 먹었다.

○ 교실에서 야영 놀이를 할 장소를 정한다.

- ○○○ 반에서도 야영 놀이를 해 봅시다.
- 교실에서 야영 놀이를 하려면 어디에 하는 게 좋을까요?
  - 역할 놀이 영역에서 하되, 텐트를 사용할 경우에는 지금보다 영역을 좀 더 크게 늘린다.

○ 야영 놀이를 하기 위해 필요한 소품들을 찾아본다.

- 야영 놀이에 필요한 소품들로 무엇을 준비할까요?
  - 유치원 마당 그늘에 사용한 것과 같은 천막을 교실 안에 설치한다.
  - 역할 놀이 영역에서 가방, 돗자리, 음식재료, 음식 담을 그릇, 카메라 등을 준비한다.

집단형태

자유선택활동

활동유형

역할 놀이 영역

활동자료

유아들이 여름방학 동안 갔다 온 곳을 찍은 사진, 숲이나 냇가, 바다에서 야영 놀이하는 모습이 담긴 사진이나 그림책

야영 놀이 환경 구성

야영 놀이에 필요한 소품

텐트 내부

- 의자는 교실에 있는 낮은 의자를 사용한다.
- 탁자는 유희실에 있는 가장 작은 구름다리 위에 얇은 직사각형 모양 유니트 판을 올려 탁자처럼 만든다.
- 모닥불은 세모꼴 블록을 세워 놓고 그 사이를 막대기로 연결하고 그 곳에 생선 또는 고기 그림을 붙인다. 역할 놀이 영역의 음식 소품에 생선이나 고기가 있다면 그것을 사용한다.
- 장작은 두꺼운 종이를 둥글게 만 후, 그 안에 신문을 구겨 넣어 단단하게 만들고 겉을 갈색 부직포나 종이로 붙여 만든다.

■ 새롭게 만들어야 할 것들이 있을까요?
- 냇가, 계곡에서 야영을 할 경우에는 주변에 나무들이 많으므로 종이를 사용하여 나무들을 표현한다.

○ 각자 역할을 정하여 방안놀이 시간에 놀이를 위해 필요한 것들을 준비하고 구성한다.

○ 방안놀이 시간에 야영 놀이를 한다.

○ 놀이를 한 후 놀이평가를 한다.

■ 놀이가 어떠하였나요?

■ 놀이를 하면서 불편한 점이 있었나요?
- 많은 수의 사람들이 한꺼번에 천막 안에 들어와 놀이하기에 복잡했다. 역할 놀이 영역에서 놀이하는 사람 수(5~6명)를 정하는 것이 좋겠다. 놀이를 계획할 때 역할 놀이 할 사람은 종이에 이름을 적도록 한다.

■ 놀이를 하면서 더 필요한 것이 있었나요?
- 실제 야영을 가면 물놀이도 하므로 교실에서도 물놀이를 할 수 있으면 좋겠다. 물풀장 안에 물 대신 물풀공을 넣고 튜브도 준비한다.

○ 다음 방안놀이 시간에 놀이에 더 필요한 것들을 준비하여 놀이할 때 사용한다.

활동 13 낚시하기

집단형태

대집단활동

활동유형

신체(게임)

활동자료

낚싯줄에 자석을 붙인 낚싯대 2개 TIP 1, 유아들이 만든 물고기들 TIP 2, 파란색 비닐, 손잡이가 있는 바구니 2개, 큰 바구니 2개(유아들이 잡아 온 물고기를 넣을 것)

활동목표

■ 바다 생물의 종류를 안다.

■ 자석의 성질에 관심을 갖고 게임에 활용한다.

■ 눈과 손의 협응력과 소근육 조절 능력을 기른다.

활동방법

| 사전활동 – 게임에 필요한 소품 준비하기 |

○ 계획하기 시간에 오늘 할 게임에 대하여 이야기를 나눈다.

■ 낚싯대로 종이 물고기를 잡아오는 게임을 할 거예요.

■ 게임에 필요한 물건을 살펴봅시다.

• 낚싯줄에 자석이 달린 낚싯대

• 클립을 끼운 종이 물고기

• 바다를 꾸밀 파란색 천이나 비닐

• 물고기를 담을 작은 바구니 2개와 큰 바구니 2개

■ 게임을 어떻게 할까요?

• 작은 바구니를 들고 낚시하는 곳까지 가서 낚싯대로 물고기 한 마리를 낚는다.

• 낚은 고기를 바구니에 담고 낚싯대는 내려놓은 후 출발선으로 빨리 뛰어온다.

• 출발선까지 와서 잡아 온 고기를 큰 바구니에 넣는다.

• 다음에 출발한 친구에게 작은 바구니를 전해 준다.

■ 게임을 하기 위해 누가 어떤 것을 준비할지 역할을 정해 봅시다.

○ 방안놀이 시간 중 유아들이 각자 맡은 게임자료를 준비한다.

| 사전활동 – 게임 대형 만들기 |

○ 준비된 게임자료를 살펴보고 게임 장소에 대형을 구성한다.

■ 게임을 할 수 있도록 준비한 것들을 제자리에 놓아 봅시다.

• 바다를 꾸미고 물고기를 펼쳐 놓는다.

• 친구들이 잘 볼 수 있는 곳에 낚시하는 자리를 정한 후 크레파스로 표시한다.

• 낚싯대를 각 편의 오른쪽에 놓는다.

• 물고기를 잡아 올 작은 바구니와 잡아 온 물고기를 담을 큰 바구니를 출발선 옆에 놓는다.

TIP 1 낚싯대는 30~40cm 정도 길이의 나무 막대기에 줄을 매달고 그 끝에 자석을 부착하여 준비한다. 얇은 줄을 사용할 경우 줄이 쉽게 엉키므로 두께감이 있어 잘 엉키지 않는 줄을 사용한다(예: 아트 철사 등). 낚싯대에는 자석이 붙어 있어 유아들이 낚싯대를 휘두르거나 장난을 하면 다칠 우려가 있으므로 조심해야 함을 알린다.

낚싯대

TIP 2 방안놀이 시간에 유아들이 만든 물고기에 클립을 끼워 준비한다.

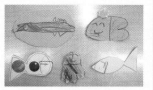

유아들이 만든 낚시용 물고기

낚시하기

| 본 활동 |

○ 게임활동 시간에 양편으로 모여 앉아 수가 같은지 확인한다.

○ 게임방법을 확인한다.

○ 게임을 할 때 필요한 규칙을 정한다.

   ■ 게임에 필요한 규칙을 의논해 봅시다.

      • 약속한 숫자만큼 물고기를 낚는다.

      • 낚싯대는 사용한 후 제자리에 놓고 온다.

○ 원하는 유아가 2명 정도 나와서 게임하는 방법을 보여 준다.

○ 게임을 한다.

○ 게임을 한 후 평가를 한다.

   ■ 어느 편이 규칙을 잘 지키며 먼저 들어왔나요?

   ■ 양편의 태도가 어땠나요?

유의점

   ■ 유아들이 낚싯대로 물고기를 잡는 과정에는 소근육 조절 능력과 눈과 손의 협응력이 필요하므로 개별 유아에 따라 물고기를 잡는 데에 소요되는 시간의 차가 크다. 처음 게임을 할 때에는 한 명씩 경기를 하는 편 게임 형식으로, 게임에 익숙해진 뒤에는 릴레이 게임 형식으로 실시한다.

사전·사후 활동

   ■ 본 활동을 하기 전, 교실 안에 낚시 놀이 공간을 마련하여 유아들이 방안놀이 시간 중 낚시 놀이를 미리 해보도록 한다. 사후활동으로 마당 놀이 시간에 물고기를 수조에 넣어 낚시 놀이를 할 수 있도록 한다. 이때 낚싯대를 다양한 길이로 여러 개 준비하여 유아들이 자신의 수준과 흥미에 맞게 놀이할 수 있도록 한다.

관련활동

   ■ 이야기나누기 '바다 생물' (90쪽 참고)

   ■ 율동 '바다' (134쪽 참고)

활동 14 샘물이 혼자서

활동목표

- 샘의 의미를 안다.
- 샘물이 흐르는 산속을 상상하고 시원한 기분을 느낀다.
- 반복되는 구절을 낭송하며 운율을 느낀다.

활동방법

◯ 샘의 의미에 대해 이야기한다.

- 땅속에 있는 물이 땅 위로 흘러나온 것을 '샘' 이라고 해요.
- ◯◯◯반 어린이들도 산에서 샘물을 본 적 있나요?
- 옛날 사람들은 산길을 걸어갈 때 목이 마르면 바가지로 샘물을 떠서 마셨대요.

◯ 동시 내용에 대해 이야기한다.

- 샘물은 계속 솟아나기 때문에 한곳에 고여 있지 않고 흘러간대요.
- 샘물은 산속의 어느 곳을 거쳐 흘러갈까요?
  - 산골짜기 돌 틈
  - 꽃 사이

◯ 교사가 동시를 낭송한다.

- 샘물이 여행하는 이야기를 표현한 동시가 있어요. 잘 들어보세요.

◯ 교사와 유아가 함께 동시를 낭송한다.

◯ 동시활동을 마친 후 동시자료를 게시판에 게시하여 방안놀이 시간에 유아들이 자유롭게 시를 낭송하고 감상하도록 한다.

집단형태

대집단활동

활동유형

동시

활동자료

동시 그림 자료 **T**IP, 텔레비전 동화 틀, 샘물 사진, 시냇물 소리가 녹음된 테이프, 카세트테이프 플레이어

TIP 동시의 특성을 살려 텔레비전 동화 틀을 이용해 동시를 들려준다.

'샘물이 혼자서' 동시

관련활동

■ 음률 영역 '여름에 들을 수 있는 소리 구분하기' (143쪽 참고)

동 시

샘물이 혼자서

주요한

샘물이 혼자서 춤추며 간다.
산 골짜기 돌 틈으로

샘물이 혼자서 웃으며 간다.
험한 산길 꽃 사이로

하늘은 맑은데 즐거운 그 소리
산과 들에 울려온다.

활동목표

■ 여름철에 들을 수 있는 여러 가지 소리에 관심을 갖는다.

■ 산과 바다에서 들을 수 있는 소리를 알고 구분한다.

활동방법

○ 산에서 들을 수 있는 소리를 들려준다.

■ 이 소리는 무슨 소리일까요?

• 시냇물 소리이다.

■ 이 소리는 어디에서 들을 수 있을까요?

• 산에서 들을 수 있다.

■ 이 소리는 무슨 소리일까요?

• 매미 우는 소리이다.

■ 매미는 어디에서 주로 생활할까요?

• 나무의 줄기나 가지에 붙어서 산다.

■ 이 소리는 무슨 소리일까요?

• 딱따구리가 나무를 쪼는 소리이다.

■ 딱따구리는 왜 나무 기둥을 쪼는 걸까요?

• 나무 속에 살고 있는 벌레들을 잡아먹기 위해서이다.

○ 바다에서 들을 수 있는 소리를 들려준다.

■ 이 소리는 무슨 소리일까요?

• 파도 소리이다.

■ 이 소리는 어디에서 들을 수 있을까요?

• 바다에서 들을 수 있다.

■ 이 소리는 무슨 소리일까요?

• 혹등 고래 우는 소리이다.

○ 그림카드를 소개하며 활동방법을 알아본다.

■ 방금 들은 소리를 나타내는 그림카드가 있어요.

• 매미, 소라, 파도 등

■ 카드 옆에는 어떤 그림판이 있나요?

집단형태

자유선택활동 · 대집단활동

활동유형

음률 영역 · 이야기나누기

활동자료

산에서 들을 수 있는 소리(예: 시냇물, 새, 매미 우는 소리, 딱따구리가 나무 쪼는 소리, 바람 소리 등)와 바다에서 들을 수 있는 소리(예: 파도, 뱃고동, 혹등고래 울음 소리, 갈매기 소리)가 녹음된 테이프와 그림 자료, 카세트테이프 플레이어

'여름에 들을 수 있는 소리 구분하기'
환경 구성

소리 듣고 분류하기

　　　• 산, 바다

　■ 이것들로 어떤 놀이를 할 수 있을까요?

　　　• 산과 바다 중 어디에서 들을 수 있는지 생각해 본 후 각 판에 가져다 붙인다.

○ 소리를 듣고 알맞은 곳에 그림카드를 붙인다.

관련활동

　■ 노래 '소라' (92쪽 참고)

활동 16 공 위(아래)로 전달하기

활동목표

- 팔과 허리의 근력과 유연성을 기른다.
- 게임방법을 알고 규칙을 지키며 게임을 한다.
- 친구들과 협력하는 태도를 기른다.

활동방법

○ 유아들에게 게임자료(공)를 소개하며 게임의 내용과 방법에 대하여 이야기 나눈다.

- 공을 뒷사람에게 빨리 전달하는 게임인데 설명을 잘 들어보세요.
  - 양편에 있는 유아들은 나란히 서서 두 다리를 공이 지나갈 수 있는 만큼 벌린 후 몸을 조금 굽힌다.
  - 맨 앞사람은 출발 신호가 들리면 들고 있는 공을 다리 사이로 뒷사람에게 전달한다.
  - 앞사람에게 공을 전달받은 사람은 그 다음 사람에게 차례로 공을 전해 준다.
  - 맨 마지막으로 공을 전달받은 사람은 맨 앞으로 뛰어가 다른 친구들과 같은 방향으로 서서 뒷사람에게 다시 공을 전해 준다. **TIP 1**
  - 맨 앞에 섰던 유아가 다시 맨 앞에 올 때까지 하여 규칙을 잘 지키고 빨리 끝나는 편이 이긴다. **TIP 2**

○ 유아 5~6명을 선정하여 시범을 보이게 한다.

○ 유아들과 게임에 필요한 규칙에 대해 이야기를 나눈다.

- 게임을 공평하게 하려면 어떤 규칙이 필요할지 의논해 봅시다.
  - 공을 전달할 때 공을 멀리 굴리거나 던져서는 안 되고 반드시 다음 친구에게 정확하게 전달해 주어야 한다.

○ 두 편으로 나누어 양편의 수를 맞춘 후 각각 한 줄로 나란히 선다. **TIP 3**

○ 게임을 한다.

집단형태

대집단활동

활동유형

신체(게임)

활동자료

고무공이나 헝겊공 큰 것 2개

TIP 1 게임방법에 대한 유아들의 이해를 돕기 위해 이동 동선을 그림으로 그려 제시한다.

TIP 2 맨 앞에 서는 유아가 마지막에 공을 전달받는 사람이므로 모자를 쓰거나 띠를 둘러 유아들이 게임이 끝나는 시점을 잘 알 수 있도록 한다.

TIP 3 게임이 진행됨에 따라 모든 사람들이 한 번씩 앞으로 올 것을 고려하여 줄 앞의 공간을 확보한 상태에서 시작한다.

위로 공 전달하기

아래로 공 전달하기

여름 145

○ 게임을 평가한다.

    ■ 어느 편이 규칙을 잘 지키며 먼저 들어왔나요?

    ■ 양편의 태도가 어땠나요?

○ 시간적으로 여유가 있고 유아들이 원할 경우 게임방법에 변화를 주어 두 번째 게임을 실시한다. 앉은 상태에서 공을 머리 위로 전달하거나 옆으로 전달하는 방법으로 게임을 실시할 수 있다.

부록

1. 주간교육계획안

만 5세 ○○○ 반 주간교육계획안 20○○ 학년도 ○월 ○주	생활주제	여름	주제	여름철 날씨와 생활 여름철 안전 여름철 동·식물의 모습

목표: 여름철 날씨의 특징을 알고 느낀다. / 여름을 건강하고 위생적으로 지내기 위한 방법을 알고 실천한다. / 여름철 일어날 수 있는 자연재해와 안전한 대처방법에 대해 안다. / 여름철 자주 볼 수 있는 동·식물의 종류와 특징을 안다.

활동	요일/날짜	월(○일)	화(○일)	수(○일)	목(○일)	금(○일)	평가
자유선택활동	쌓기 놀이 영역	•유니트 블록으로 바다 속 구성하여 해양 생물로 놀이하기	•종이벽돌블록, 자석블록으로 구성물 만들어 놀이하기	→	→	→	
	역할 놀이 영역	•아이스크림 가게 놀이하기(가게 이름 정하기, 아이스크림 종류 정하기, 손님에게 아이스크림 판매하기, 지폐 받고 영수증 적어 주기 등)	→	→	→	→	
	언어 영역	•'여름' 생활주제 관련 그림책 읽기	•'여름' 관련 그림사전 만들기	•여름철 많이 볼 수 있는 곤충들에 대한 그림책, 화보	→	→	
	수학·조작 영역	•'여름' 생활주제 관련 조작교구, 그림 맞추기	•여름철 모습(물가, 수영장 등)이 담긴 퍼즐 맞추기	→	→	→	
	과학·컴퓨터 영역	•양파, 고구마 키우고 돌보기	•식물과 우유의 변화 관찰하기	•여름철에 많이 볼 수 있는 곤충 검색해 보기	→	→	
	조형 영역	•부채 악기 만들기		•비누거품 찍기		•투명 종이에 그림 그리기	
	음률 영역	•'여름' 관련 소리를 들을 수 있는 악기(오션 드럼, 레인 스틱 등) 연주하기	→	•실로폰 연주하며 배운 노래 부르기	→	•○○○반 어린이들이 만든 부채 악기로 연주하기	
	실외 영역	•마당: 종합놀이터, 모래놀이터, 대근육 활동 기구에서 놀이하기 / 토기 관찰하기 / 비눗방울 놀이하기 / 소금0방에서 놀이하기 / 축구하기 / 자전거 타기	→	→	→	→	
대·소집단활동	이야기나누기	•여름철 날씨와 건강	•여름철 날씨의 특징 I - 장마	•동극 준비(소)	•여름철 날씨의 특징 II - 태풍 •동극 준비(소)	•여름철 식생활 안전	
	동화·동극·동시		•여름이 되면(동시)				
	음악		•빗물 웅덩이(동화)	•빗물 웅덩이(동화)		•빗물 웅덩이(동극)	
	율동	•얼음과자 (새 노래)		•비눗방울			
	신체		•순발력 기르기 I (체육, 2집단)		•시냇물 건너기 (게임)		
	수학						
	과학	•식물과 우유의 변화 관찰		•화채 만들기		•식물과 우유의 변화 결과	
	사회				•예배 (○○○ 전도사님)		
	바깥 놀이	•비눗방울 놀이, 물놀이	•비눗방울 놀이, 물놀이	•비눗방울 놀이, 물놀이	•비눗방울 놀이, 물놀이	•비눗방울 놀이, 물놀이	
	간식	•호떡/호밀빵, 우유	•송편, 사과주스	•화채	•우지, 매실차	•산딸기과자, 유유	
	급식	•밥/현미밥, 황태국, 돼지고기볶음, 오볶추조림, 깍두기, 김치, 김구이/주부	•완두콩밥, 콩나물국, 소시지야채볶음, 가지나물, 깍두기, 김치, 김구이/주부	•밥/현미밥, 쇠고기뭇국, 메추리알장조림, 고사리나물, 열무김치/깍	•잡곡밥, 시금치된장국, 탕수육, 연근조림, 김치, 깍두기, 시금치나물/복숭아	•잡곡밥, 근댓국, 쇠고기볶음국, 시금치나물, 깍두기, 김치, 수제개/	
	전이·주의집중	•배운 노래 부르기	•끝말잇기	•리듬악기 맞춰 손뼉치기	•자음보고 단어 말이맞추기	•수수께끼	
	귀가지도	•일찍 자고 일찍 일어나기 •오전 9시까지 유치원에 오기	•자외선이 강하므로 자외선 차단제 꼭 바르기	•아침 먹고 유치원 오기 •신발장에 실내화 바르게 정리하기	•그림책 가방 가지고 오기 •형제, 자매와 사이좋게 지내기	•주말 건강하게 지내고 오기 •실내화, 칫솔 깨끗하게 세척해 오기	
급식조력부모		•○○○,○○○	•○○○,○○○	•○○○,○○○	•○○○,○○○	•○○○,○○○	
비고					•예배 (○○○ 전도사님)		
총평					※ 그림책 반납 및 대출		

만 5세 ○○○ 반 주간교육계획안 20○○학년도 ○월 ○주	생활주제	여름	주제	여름철 날씨와 생활 / 여름철 안전 / 여름철 동·식물의 모습

목표: 여름을 시원하게 지내는 방법을 알고 생활 속에서 실천한다. / 여름을 건강하고 위생적으로 지내기 위한 방법을 알고 실천한다. / 여름철 날씨와 생활의 특징을 안다. / 자연의 변화에 호기심을 갖고 관찰한다. / 안전사고의 특징과 원인에 대해 알고 예방하는 태도를 갖는다.

활동 \ 요일/날짜	월(○일)	화(○일)	수(○일)	목(○일)	금(○일)	평가
자유선택활동 쌓기 놀이 영역	• 유니트 블록으로 바다 속 구성하여 해양생물로 놀이하기 • 종이벽돌블록, 자석블록으로 구성물 만들어 놀이하기					
역할 놀이 영역	• 아이스크림 가게 놀이하기(가게 이름 정하기, 아이스크림 종류 정하기, 손님에게 그림 판매하기, 지폐 받고 영수증 적어 주기 등)					
언어 영역	• '여름' 생활주제 관련 그림책 읽기 • '여름' 관련 그림사전 만들기 • 바다 생물 이야기가 담긴 그림책, 사진류, 화보					
수학·조작 영역	• '여름' 생활주제 관련 조작교구, 그림 맞추기					
과학·컴퓨터 영역	• 양파, 고구마 키우고 돌보기 • 색깔 회전판 돌려 만들어지는 색 관찰하기 • 원하는 색물 붙여 혼합된 판 만들어 색 관찰하기					
조형 영역	• 투명 종이에 그림 그리기 • 채소 도장 그림 찍기					
음률 영역	• '여름' 관련 소리를 들을 수 있는 악기(오션 드럼, 레인 스틱 등) 연주하기 • ○○○반 어린이들이 창작 동화 짓고 그림 그리기					
실외 영역	• 마당: 종합놀이터, 모래놀이터, 대근육 활동 기구에서 놀이하기 / 토기 관찰하기 / 비눗방울 놀이하기 / 소금물이방에서 놀이하기 / ○○○반 어린이들이 만든 부채 악기로 연주하기, 자전거 타기					
대·소집단활동 이야기나누기	• 7월 기도문	• 여름에 꽃이 피는 식물	• 바다 생물	• ○○○반 어린이들이 가장 좋아하는 바다 생물 조사 (소, 1집단) • 신나는 마당놀이(동화)	• ○○○반 어린이들이 가장 좋아하는 바다 생물 조사 (소, 2집단)	
동화·동극·동시						
음악	• 깡총파 (새 노래)					
율동	• 순발력 기르기 II (체육, 2집단)					
신체		• 깡총파 I (3집단)	• 깡총파 II (3집단)			
수학				• 개념음 (게임)		
과학						
사회			• ○○○반 어린이들이 가장 좋아하는 바다 생물			
바깥 놀이	• 비눗방울 놀이, 물놀이	• 비눗방울 놀이, 물놀이	• 비눗방울 놀이, 물놀이	• 비눗방울 놀이, 물놀이	• 비눗방울 놀이, 물놀이	
간식	• 옥수수빵, 우유	• 떡복이, 보리차	• 양송이수프, 호떡/스낵	• 찹쌀유과, 우유	• 산딸기과자, 감꽃주스	
급식	• 흑미밥, 버섯된장국, 오징어볶음, 가지나물, 김치/단감	• 강낭콩밥, 단짱째개, 우엉소고기볶음, 무나물 김치, 김구이/배	• 비빔밥, 감자국, 두부조림, 김치/사과	• 자곡밥, 배춧국, 멸치호두볶음, 매추리장조림, 햄채추겉절이/귤	• 잡곡밥, 쇠고기미역국, 달롤고기, 고사리나물, 감자/포도	
전이·주의집중	• 눈 감고 시간과 예측하기 (10초, 15초, 30초)	• 머리, 어깨, 무릎, 발	• 리듬 따라 손뼉치기	• 머리 어깨 무릎 발	• 선생님처럼 해보요	
귀가지도	• 귀가 시 바르게 걸어서 유치원 대문까지 이동하기	• 선생님께 바르게 인사하기 • 실내화 가지런히 정리하기	• 감기 걸리지 않게 몸 따뜻하게 하기	• 그림책 가방 가지고 오기 • 겉옷 바르게 입기	• 주말 동안 규칙적으로 생활하기 • 주말 즐겁게 보내기	
급식조력부모	• ○○○, ○○○	• ○○○, ○○○	• ○○○, ○○○	• ○○○, ○○○	• ○○○, ○○○	
비고	※ 7월 소방안전교육			• 예배 (○○○ 전도사님)	• 예배 (○○○ 전도사님) ※ 그림책 반납 및 대출	
총평						

2. 일일교육계획안

담임	원감	원장

학급명	○○○반 (만 5세)		날짜	20○○년 ○월 ○일 ○요일	수업일수	○○ / ○○○ 일
생활주제	여 름		주 제	여름철 날씨와 생활 여름철 안전 여름철 동·식물 모습	소주제	여름철 날씨의 특징 여름철 사람들의 생활모습

목 표

여름철 날씨의 특징을 안다. / 여름을 건강하고 안전하게 보내기 위한 방법을 알고 실천한다. / 여름철 자연의 모습을 보며 아름다움을 느낀다.

일일 시간표

9:00~ 등원 및 언어, 수학·조작, 조형영역 활동
9:10~ 계획하기
9:20~ 실내자유선택활동
10:00~ 정리정돈 및 놀이평가
10:10~ 간식 '송편', 사과주스'
10:30~ 이야기나누기 '여름철 날씨의 특징 I - 장마'
10:50~ 실외자유선택활동
11:30~ 정리정돈 및 화장실 다녀오기
11:40~ 동시 '여름이 되면'
12:00~ 점심식사
13:00~ 실내자유선택활동
(13:00~/13:25~) 체육 '순발력 기르기'(2집단, 유희실)
13:50~ 평가 및 귀가지도

시간 / 활동명	활동 목표	활동내용	준비물 및 유의점	평가
9:00~ 등원 및 언어, 수학·조작, 조형영역 활동	• 등원하여 해야 할 일을 알고, 스스로 하는 태도를 기른다. • 유치원에는 여러 사람이 함께 사용하는 교구가 있음을 안다.	• 등원 및 인사 나누기 - 선생님께 바르게 인사하기 - 출석표 시판에 실내자유선택활동 시간에 하고 싶은 놀이 계획하기 - 간식을 먹은 후 하고 싶은 놀이 계획하여 붙이기 • 언어, 수학·조작, 조형 영역에서 놀이하기 • 기본생활습관 지도하기 - 바르게 인사하기, 실내에서 걸어 다니기, 자기 일 스스로 하기, 적절한 크기의 목소리로 이야기하기		
9:10~ 계획하기	• 오늘의 날짜와 날씨를 안다. • 하루 일과를 예측하며 계획하고 기대감을 가진다.	◎ 계획하기 • 자리정돈 및 주의집중: 꼬마물음이 • 유아의 출·결석 확인하기	• 달력, 날씨표시판, 그림시간표	

시간/활동명	활동 목표	활동 내용	준비물 및 유의점	평가
		• 날씨 및 날씨 알아보기 - 오늘은 며칠인가요? 무슨 요일인가요? - 오늘 날씨가 어떤가요? • 그림시간표 보며 일과 계획하기 • 조형: 부채 악기 만들기 - (유아들이 만든 부채 악기 소개하기) 부채에 어떤 그림을 그렸나요? 부채 악기를 흔드니 어떤 소리가 나나요? - 오늘 방안놀이 시간에도 조형 영역에서 부채 악기를 만들 수 있음		
9:20~ 실내자유 선택활동	• 여름을 시원하게 보내는 방법을 알고 실천한다. • 자신이 만든 작품을 놀이에 활용한다.	• 선택한 흥미 영역에서 실내자유선택활동하기 [조형] 부채 악기 만들기 - 부채에 그림 그리거나 한지 붙여 꾸미기 → 단추나 구슬을 매달고 싶은 곳에 연필로 표시하기(교사가 구멍 뚫어주기) → 단추나 구슬의 구멍에 끈을 끼워 매듭짓기 → 부채의 구멍에 끈을 넣어 매듭기	• 조형: 부채, 한지, 물감, 물감접시, 무루도장, 단추, 구슬, 끈, 가위, 연필 등	
	• 여러 가지 블록을 이용하여 창의적으로 입체물을 구성한다.	[쌓기] 여러 가지 블록으로 구성하기 - 유니트 블록으로 바다 속 구성하여 해양 생물로 놀이하기 - 종이벽돌블록, 자석블록으로 구성물 만들어 놀이하기 - 건축블록으로 다양한 건물 구성하기	• 쌓기: 유니트블록, 종이벽돌블록, 자석벽돌블록, 건축블록, 우레고블록, 해양생물 소품, 전 등	
	• 놀이에 필요한 역할을 안다. • 자신의 역할에 맞게 표현하는 능력을 기른다. • 친구들과 협력하는 태도를 기른다.	[역할] 아이스크림 가게 놀이하기 - 가게 이름, 아이스크림 종류 정하기 - 여러 가지 재료로 아이스크림 만들기 - 점원과 손님 역할 나누어 놀이하기 - 조형 영역에서 역할 놀이에 필요한 물건 만들어서 놀이하기	• 역할: 역할놀이 소품, 음식 재료, 식기류, 계산기 등	
	• 글자 읽기, 쓰기에 관심을 갖는다. • 그림책을 즐겨보는 습관을 기른다. • 여름철에 많이 볼 수 있는 곤충에 대해 관심을 갖는다.	[언어] '여름' 생활주제 관련 그림책 읽기 / 그림사전 만들기 - '여름' 생활주제 관련 그림책(요술맷돌, 고래싫어 타볼이 터볼이 베탈났어요, 도깨비를 빨아버린 우리엄마 등) 읽기 - '여름' 생활주제 관련 그림사전 만들기 (연하는 사진 오려 붙이거나 그림 그리기, 단어나 문장 적기) - 그림책, 화보 보며 여름철에 많이 볼 수 있는 곤충에 대해 알아보기	• 언어: 그림사전 관련 용구(그림사전, 사진, 가위, 풀, 사인펜, 색연필, 연필, 지우개 등), 그림책 등	
	• 수와·조작교구와 그림 맞추기 하는 방법을 알고 놀이에 참여한다.	[수학·조작] '여름' 생활주제 관련 수학·조작 교구하기 - 수학·조작 교구(비단 생물 그림자-그림 맞추기, 여름철에 많이 볼 수 있는 곤충 글자 카드 구성하기 등)하기 - 그룹게임하기	• 수학·조작: '여름' 생활주제 관련 조작교구(종이퍼즐, 나무퍼즐, 그룹게임 등)	

시간 / 활동명	활동 목 표	활 동 내 용	준비물 및 유의점	평가
	• 물질의 변화과정을 지속적으로 관찰하는 태도를 기른다. • 관찰한 내용의 결과를 비교하고 예측한다.	[과학] 양파, 고구마 수경재배하기 / 식빵과 우유의 변화 관찰하기 - 양파, 고구마 싹 관찰하기 / 싹의 변화 과정 예측하기 - 어제랑 오늘의 식빵, 우유의 모습이 달라진 점 찾아보기, 기록하기, 예측하기 - 여름철에 많이 볼 수 있는 곤충 검색하기 → 그림으로 그리거나 글씨를 써서 조사 내용 종이에 기록하기	• 과학: 양파 · 고구마 수경재배, 식빵 · 우유 변화 관찰교구, 돋보기, 기록용 종이, 사인펜, 연필 등	
	• 악기의 명칭과 악기를 바르게 연주하는 방법을 안다. • 악기를 연주하거나 노래를 부르며 즐거운 마음을 갖는다.	[음률] 악기 탐색하고 연주하기 - '여름' 생활주제 관련 음악 감상하기 - 음악에 맞추어 악기 연주하기(오션 드럼, 레인스틱 등) - 실로폰 연주하며 배운 노래 부르기 - ○○○반 어린이들이 만든 악기로 연주하기	• 음률: '여름' 생활주제 관련 음악, CD플레이어, 악기(오션드럼, 레인스틱, 과일마라카스, 실로폰, 유아들이 만든 부채 악기 등), 색깔 악부	
10:00~ 정리정돈 및 놀이평가	• 자기가 가지고 놀았던 놀잇감을 스스로 정리하는 습관을 기른다. • 친구를 돕고 서로 협력하는 마음을 갖는다. • 자신의 놀이를 계획하고 평가하는 능력을 기른다.	• 자기가 놀았던 영역부터 정리하기 • 다른 영역 정리 도와주기 • 놀이평가하기 - 방안놀이 시간에 어떤 놀이를 하기로 계획했었나요? - 계획한 놀이를 모두 했나요? - 못했다면, 왜 계획대로 놀이하지 못했나요? - 놀이 평가판에 표시하기 - 자신의 놀이 평가판을 찾아서 놀이하고 난 뒤 표시하기 - 화장실 다녀오기	• 놀이평가판, 놀이평가판 통, 네임펜 * 쓰기, 역할 놀이 영역은 2~3분 전에 미리 정리정돈신호를 한다.	
10:10~ 간식 '송편1, 사과주스'	• 손을 깨끗이 씻는 습관을 기른다. • 친구들의 간식을 준비하며 책임감을 갖는다. • 간식을 준비해 주신 분께 감사한 마음을 가진다.	◎ 간식 '송편1, 사과주스' 간식 당번 간식 준비하기 화장실에서 손 씻고 자리에 앉기 오른쪽 방향으로 간식 그릇 전달하며 간식 덜기 간식 먹고 잽싸게 정리하기 간식 당번이 간식 접시가 담긴 쟁반 간식차에 정리하기 간식을 먹은 후 물 양치하기 언어, 수학 · 조작, 과학 영역에서 놀이하기	- 책상 닦기: ○○○ 교사 - 손씻기 지도: ○○○ 교사	
10:30~ 이야기나누기 '여름철 날씨의 특징 I - 장마'	• 여름철 날씨로 인해 재해가 날 생활수 있음을 안다. • 여름을 안전하게 보내는 방법을 알고 실천한다.	◎ 이야기나누기 '여름철 날씨의 특징 I - 장마' • 자리정돈 및 주의집중: 배운 노래 부르기(얼음 과자) • 장마를 알리는 신문 기사 보며 장마의 뜻 알아보기 - 장마란 어떤 뜻인가요?(여름철(6, 7월)에 비가 계속해서 내리는 날씨를 말함) - 장마를 알리는 신문기사를 읽어 중게요. • 장마로 인한 피해에 대해 이야기나누기	• 장마에 관한 신문 기사, 그림 • 사진 이야기나누기 자료	

시간/활동명	활동 목표	활동 내용	준비물 및 유의점	평가
		- 여름에 비가 많이 내리면 봄에 심은 식물이 잘 자랄 수 있어요. 그런데 비가 며칠간 계속해서 내리면 어떻게 될까요?(강물이 넘치거나 땅이 물에 잠김, 붙어난 하수구의 물이 역류하여 집 안으로 들어오기도 함, 지붕이 파손된 경우 천장에서 물이 새기도 함, 논과 밭이 물에 잠김 등) ● 장마철을 건강하게 지내기 위한 방법에 대해 이야기나누기 - 비를 맞지 않도록 우산, 비옷, 장화 등을 준비하기 - 비가 많이 내리는 날은 밖에 나가지 않기 - 홍수 집에 물이 새는 곳이 없는지 확인하기 - 하수구가 막혀 있는지 살펴보고 청소하기 - 홍수를 짓는 사람들은 농작물이 잠기지 않도록 물길을 만들기도 함		
10:50~ 실외자유선택활동	● 놀이기구를 안전하게 사용하는 습관을 기른다. ● 실외놀이규칙을 지키며 놀이한다.	● 준비체조하기 ● 실외자유선택활동하기 [조합놀이터] 줄 잡고 올라가기, 미끄럼틀, 그물, 흔들다리 등 [모래놀이터] 모래놀이 용구로 산, 강 만들기 [대근육기구] 그네 타기, 네스팅브리지에서 놀이하기 [자전거길] 자전거 타기 [전디별 비닷방울 놀이하기] [수조] 물놀이 용구로 물놀이하기 [소꿉놀이방] 소꿉놀이하기, 음식 만들고 차려서 놀이하기 [토기방] 토기 만들하기, 도기 먹이 주기 [그림그리기] 그림 그리기, 색종이 접기, 그림책 보기 ● 운동장 달리기 ● 놀이기구의 사용법과 규칙 않고 안전하게 놀이하기	● 탬버린 - 조합놀이터 지도:○○○ 교사 - 전체: ○○○ 교사 * 교사는 유아들이 안전하게 놀이하도록 지도한다.	
11:30~ 정리정돈 및 화장실 다녀오기	● 자기가 가지고 놀았던 놀잇감을 스스로 정리하는 습관을 기른다. ● 친구를 돕고 서로 협력하는 마음을 갖는다.	● 선생님이 탬버린을 흔들면 선생님 앞에 줄서기 ● 교실에 들어가서 선반, 겉옷 정리하고 화장실 다녀오기 ● 물 마시기	● 정리신호: ○○○ 교사 ● 유아수 확인: ○○○ 교사	
11:40~ 동시 '여름이 되면'	● 여름철 자연의 변화에 호기심을 갖는다. ● 여름철 자연의 변화를 표현한다.	◎ 동시 '여름이 되면' - 자리정돈 및 주의집중: 다른 그림 알아맞히기 ● 교사가 '여름이 되면' 동시 낭송하기 - 여름의 모습을 표현한 동시가 있어요. 선생님이 낭송해 볼게요. - 동시의 내용에 대해 이야기나누기 - 이 동시를 지은 사람은 여름이 좋은 점을 무엇이라고 했나요?	● 동시 내용을 연상할 수 있는 사진, 기록융(화이트보드, 보드마카펜)	

시간 / 활동명	활동목표	활동내용	준비물 및 유의점	평가
		- 바다에 가면 좋은 점으로 무엇을 이야기했나요? - 산에 가면 좋은 점으로 무엇을 이야기했나요? • 교사와 유아가 함께 동시 낭송하기 • 여름이 좋은 이유에 대해 이야기나누기 - ○○○ 반 어린이들은 여름이 되어 어떤 점이 좋은가요?(유아 이야기 듣기) • 유아들의 이야기를 바탕으로 동시 개작하기 - ∧∧ 의 이야기를 동시에 들어갈 말로 만들어 봅시다.(유아들이 이야기한 말 화이트보드에 적기) • 개작한 동시 낭송하기 - 선생님이 지금까지 ○○○ 반 어린이들의 이야기한 생각을 잘 정리해서 읽어볼게요. - ○○○ 반 어린이들이 지은 동시를 함께 낭송해 봅시다. • 개작한 동시에 대한 느낌 이야기나누기 - 어떤 느낌이 드나요? 부족한 부분이나 고칠 부분이 있나요? • 완성한 동시 게시 및 벽면 의논하기 - 우리가 지은 동시는 어떻게 전시하면 좋을까요?(유아 의견 듣기)		
12:00~ 점심식사 (밥[한입밥, 두부 김칫국, 우엉쇠고기볶음, 시금치나물, 김장김치/파인애플])	• 급식방법과 정리방법을 알고 실천한다. • 음식을 골고루 먹는 습관을 들인다. • 바른 태도로 음식을 먹는 습관을 들인다.	◎ 점심식사(한두콩밥, 콩나물국, 소시지어묵볶음, 가지나물, 김치, 김구이/수박) • 화장실에서 손 씻기 • 자리에 앉아서 점심 먹을 준비하기(수저, 물컵 준비하기) • 배식대 앞에 줄서기 • 배식대에서 식판에 밥, 반찬을 받은 후 자리에 가서 앉기 - 감사 인사 드리기 - 기도한 후 점심식사 하기 - 나눠주시는 국 받기 - 즐겁게 식사하기 - 골고루 먹기 - 더 먹고 싶은 반찬이 있을 경우 손들기 - 후식 먹기 - 정리하기 - 양치하기 - 이를 다 닦고 난 후 이 닦기 표시판에 표시하기 • 언어, 수학, 조작, 과학 영역에서 놀이하기	- 배식대 준비 및 점심식사 세팅: ○○○ 교사, 급식조리부모(○○○, ○○○) - 배식: ○○○ 교사(국), 급식조리부모(밥, 반찬) - 배식 전후 자리 정도 및 식사 준비 지도: ○○○ 교사 * 국은 유아들이 식판을 가지고 자리에 앉은 후에 나누어 주도록 한다. * 교사는 유아들이 식사하는 모습을 관찰하고 바른 태도로 골고루 음식을 섭취할 수 있도록 지도한다. - 급식차 및 배식대 정리: 급식조리부모(○○○, ○○○)	
13:00~ 실내자유선택활동	• 놀잇감의 사용방법을 알고 놀잇감을 활용하여 놀이한다.	◎ 실내자유선택활동 - 하고 싶은 놀이 선택하여 흥미 영역에서 놀이하기		

시간 / 활동명	활동 목표	활동 내용	준비물 및 유의점	평가

(13:00~/13:25~)
 	
체육
'순발력 기르기'
(2집단, 유희실)
	• 정해진 동작에 맞게 몸을 움직이며 신체 조절능력을 기른다.
	• 다양한 방법으로 신체를 움직이며 순발력을 기른다.
		◎ 체육 '순발력 기르기'(2집단, 유희실)
		• 자리정돈 및 주의집중: 스트레칭(목, 어깨, 팔, 허리, 무릎, 다리)
		• 활동 소개하기/준비하기
		  - 몸을 빠르게 움직이는 힘인 '순발력'을 기르기 위한 활동을 할 것임
		• 순발력 기르는 동작하기
		  ① 제자리 뛰어 뒤꿈치 엉덩이 닿기
		  ② 제자리 뛰어 무릎 가슴 닿기
		  ③ 제자리 한 바퀴 뛰어 돌기
		  ④ 선 따라 두 발 모아 왼쪽, 오른쪽으로 뛰기
		  ⑤ 선 따라 양쪽으로 뛰기
		• 동작 평가하기
		• 마무리 동작하기
		  - 숨 고르기, 스트레칭하기
			• 신호악기, 색테이프, 매트
			
			* ①, ②, ③ 동작은 발목 관절과 무릎 보호를 위해 매트 위에서 실시한다.	

13:50~
평가 및 귀가지도
	• 유치원에서의 일과를 회상한다.
	• 귀가 전에 해야 할 일을 알고 실천하는 능력을 기른다.
		• 하루 일과 평가하기
		  - ○○○ 반에서 지내면서 즐거웠던 점 이야기하기
		  - ○○○ 반에서 지내면서 속상하거나 불편했던 점 이야기하기
		• 놀이계획표시 정리하기
		• 자외선이 강하므로 차양선 차단제 꼭 바르기
		• 선생님께 바르게 인사하기
			- 귀가 준비 지도: ○○○ 교사
			- 귀가장소로 유아 인솔: ○○○ 교사	

비고				
총평				

참고문헌

김진영(2009). 김진영 동요집. 교문사.

이기숙 · 김희진 · 이경미 · 이순영(1998). 유아를 위한 소비자교육 프로그램. 양서원.

이은화 · 김순세(1973). 어린이 춤곡. 형설출판사.

이화여자대학교 사범대학 부속이화유치원(1970). 노래동산.

이화여자대학교 사범대학 부속이화유치원(1987). 유아를 위한 즐거운 놀이.

이화여자대학교 사범대학 부속이화유치원(1992). 3, 4, 5세 어린이를 위한 유치원 교육과정 운영의 실제.
⑦ 여름. 교문사.

범국민손씻기운동본부(2008). www.handwashing.or.kr

저자소개

홍용희   이화여자대학교 사범대학 부속이화유치원 원장
             이화여자대학교 사범대학 유아교육과 교수

오지영   이화여자대학교 사범대학 부속이화유치원 원감

강경미   현 이화여자대학교 사범대학 부속이화유치원 교사

곽진이   전 이화여자대학교 사범대학 부속이화유치원 교사

김혜전   전 이화여자대학교 사범대학 부속이화유치원 교사

이누리   전 이화여자대학교 사범대학 부속이화유치원 교사

전우용   전 이화여자대학교 사범대학 부속이화유치원 교사

교육과정 운영의 실제

만 5세 ❼ 여름

2011년 12월 19일 초판 인쇄
2011년 12월 26일 초판 발행

지은이 이화여자대학교 사범대학 부속이화유치원
펴낸이 류제동
펴낸곳 (주)교 문 사

책임편집 윤정선
본문디자인 아트미디어
표지디자인 이수미
제작 김선형
영업 정용섭·이진석·송기윤

출력 아트미디어
인쇄 동화인쇄
제본 한진제본

우편번호 413-756
주소 경기도 파주시 교하읍 문발리 출판문화정보산업단지 536-2
전화 031-955-6111(代)
팩스 031-955-0955
등록 1960. 10. 28. 제406-2006-000035호

홈페이지 www.kyomunsa.co.kr
E-mail webmaster@kyomunsa.co.kr
ISBN 978-89-363-1161-2 (93370)
ISBN 978-89-363-1141-4 (93370) 전 36권

값 15,000원

*저자와의 협의하에 인지를 생략합니다.
*잘못된 책은 바꿔 드립니다.

KOMCA, KOSA 승인필
이 도서에 게재된 저작물 중 부득이하게 저작자의 사용 허락을 받지
못한 저작물에 대해서는 문화체육관광부장관이 정하는 기준에 의거하여
차후 보상금을 지급하겠습니다.

불법복사는 지적 재산을 훔치는 범죄행위입니다.
저작권법 제97조의 5(권리의 침해죄)에 따라 위반자는 5년 이하의
징역 또는 5천만원 이하의 벌금에 처하거나 이를 병과할 수 있습니다.